Birger Thureson
Die Hoffnung kehrt zurück

Unzählige Frauen sind Opfer von systematisch begangener sexueller Gewalt, die bis heute ein Teil des Krieges im Ost-Kongo ist. Die Täter werden nicht zur Rechenschaft gezogen. Um traumatisierten Frauen medizinisch und psychisch zu helfen, hat der kongolesische Arzt Denis Mukwege das Panzi-Krankenhaus in Bukavu gegründet. In dem angeschlossenen Zentrum Dorkas lernen und arbeiten die Frauen und bereiten sich auf ihr neues Leben vor. Dorkas ist ein Tor zurück in die Gesellschaft. Vor allem für jene Frauen, die nach der Vergewaltigung von ihren Familien und aus den Dorfgemeinschaften verstoßen wurden, weil sie als von den Feinden verunreinigt angesehen werden.

Der schwedische Journalist Birger Thureson hat Denis Mukwege und seine Patientinnen 2008 getroffen und ihre Geschichten aufgezeichnet. Ihre authentischen Berichte sind schmerzliche Zeugnisse erlittener Gewalt; sie sprechen aber auch von Lebenswillen und Lebensmut. Ein ausführliches Portrait über Denis Mukwege und eine Analyse über die Kongo-Kriege ergänzen das Buch.

Der Autor:

Birger Thureson, geboren 1942. Schwedischer Journalist und Schriftsteller. Studium der Theologie an der Missionsschule Örebro und der Universität von Uppsala. Tätigkeit als Pastor und in der Presse- und Öffentlichkeitsarbeit von PMU InterLife. Zahlreiche Veröffentlichungen. Thureson ist verheiratet und hat zwei Kinder.

Der Übersetzer:

Michael Josupeit, geboren 1961. Theologe, Lektor und Übersetzer. Studium der evangelischen Theologie in Tübingen, Heidelberg und Bochum. Seit zwanzig Jahren Übersetzungen aus dem Englischen und Schwedischen ins Deutsche, u.a. Desmond Tutu: Gott ist kein Christ - Mein Engagement für Toleranz und Gerechtigkeit. (www.literakultur.de)

Birger Thureson

Die Hoffnung kehrt zurück

**Der Arzt Denis Mukwege und sein Kampf
gegen sexuelle Gewalt im Kongo**

*Übersetzung aus dem Schwedischen
von Michael Josupeit*

**Herausgegeben vom Deutschen Institut
für Ärztliche Mission e. V., Difäm**

Brandes & Apsel

Auf Wunsch informieren wir Sie regelmäßig über *Neuerscheinungen* in dem Bereich Psychoanalyse/Psychotherapie – Globalisierung/ Politisches Sachbuch/Afrika – Interkulturelles Sachbuch – Sachbücher/ Wissenschaft – Literatur.
Bitte senden Sie uns dafür eine E-Mail an *info@brandes-apsel.de* mit Ihrem entsprechenden Interessenschwerpunkt.
Gerne können Sie uns auch Ihre Postadresse übermitteln, wenn Sie die Zusendung des *Gesamtverzeichnisses* wünschen.
Außerdem finden Sie unser *Gesamtverzeichnis* mit aktuellen Informationen im Internet unter: www.brandes-apsel-verlag.de und unsere E-Books und E-Journals unter: www.brandes-apsel.de

Wir danken dem Difäm für die freundliche Unterstützung beim Entstehen dieses Buches.

Deutsche Originalausgabe des 2009 im Libris Förlag erschienenen Werkes *De glömda kvinnornas röst*

1. Auflage 2013
© Brandes & Apsel Verlag GmbH, Frankfurt a. M.
Lektorat: Cornelia Wilß, Frankfurt a. M.
Umschlaggestaltung: Franziska Gumprecht, Brandes & Apsel Verlag, Frankfurt a. M. unter Verwendung von zwei Fotos von Difäm und Difäm/Angelika Weber
DTP: Caroline Ebinger, Brandes & Apsel Verlag, Frankfurt a. M.
Druck: STEGA TISAK d.o.o., printed in Croatia.
Gedruckt auf einem nach den Richtlinien des Forest Stewardship Council (FSC) zertifizierten Papier.

Bibliografische Information Der Deutschen Nationalbibliothek:
Die Deutsche Nationalbibliothek verzeichnet diese Publikation in der Deutschen Nationalbibliografie; detaillierte bibliografische Daten sind im Internet über www.dnb.de abrufbar.

ISBN 978-3-95558-001-8

Inhalt

Vergewaltigt und verstoßen

Der Kampf für die Menschenwürde

Vorwort des Herausgebers

» Ihr könnt nicht nur etwas tun, Ihr müsst etwas tun. Es muss eine Bewegung von der Basis ausgehen«, sagte Dr. Denis Mukwege am Ende seines Aufenthaltes in Tübingen im Mai 2010 über die Geschehnisse in seiner Heimat. Sein Appell bezieht sich auf den Jahrzehnte währenden Konflikt in der Demokratischen Republik Kongo, unter dem besonders Frauen und Familien leiden. »Die Gewalt gegen Frauen wird hier als Kriegswaffe benützt, um die lokale Bevölkerung zu zerstören«, fügte Dr. Mukwege hinzu. Als leitender Arzt am Panzi-Krankenhaus setzt er sich unermüdlich für die Menschenrechte und die Würde der Frauen in der DR Kongo ein. Erst im September 2012 sprach der 57-jährige Mediziner vor der Generalversammlung der Vereinten Nationen und prangerte die Massenvergewaltigungen und die Straflosigkeit der Täter an. Was er jeden Tag im Krankenhaus erlebt, und der Mut, mit dem die Frauen ihr Leben wieder in die Hand nehmen, motivieren ihn, sich ganz für die Frauen einzusetzen. Kraft gibt ihm sein Glaube. Vieles wurde getan, vieles erreicht. Aber manches, was hätte geschehen müssen, ist nicht eingetreten. Bis heute sind Menschen auf der Flucht vor Gewalt und besonders die Frauen, über die dieses Buch handelt, leiden unter den zahllosen, systematischen Vergewaltigungen. Etwa 3.000 Frauen werden jährlich im Panzi-Krankenhaus in Bukavu medizinisch, psychosozial und juristisch betreut, und für viele ist das der Beginn eines neuen Lebens.

Ich selbst habe Dr. Mukwege im Jahr 2008 kennengelernt. Bei einem Besuch im Panzi-Krankenhaus habe ich einige der Frauen getroffen und war tief bewegt von dem großen Einsatz, der von Dr. Mukwege und seinen Mitarbeitenden geleistet wird. Das Strahlen auf den Gesichtern der Frauen nach einer erfolgreichen Behandlung und ihr Glaubensmut sind ein starkes Beispiel dafür, wie Gewalt überwunden werden kann.

Am 25. Oktober 2012 wurde ein Attentat auf Dr. Mukwege verübt; er und seine Familie mussten das Land verlassen. Trotz Lebensgefahr kehrte er Anfang Januar 2013 nach Bukavu zu seinen Patientinnen zurück – die Täter sind bis heute nicht gefasst. Am Flughafen empfingen ihn Tausende von Menschen, von denen einige T-Shirts oder Banner mit Aufschriften wie »Wir sind hinter dir« trugen. Die Entscheidung zur Rückkehr demonstriert sein Engagement für die Frauen und setzt ein Zeichen der Hoffnung in diesem zerrütteten Land.

Dieses Buch berichtet über das Schicksal von Frauen und fordert uns zugleich auf, sie in ihrem Kampf für ihre Rechte, ihre Würde, ihr Überleben und für das ihrer Angehörigen nicht alleine zu lassen. Unser Engagement für Menschenrechte und Frieden im Kongo ist gefragt, vor Ort für die Betroffenen, aber auch unser Einsatz auf regionaler und internationaler Ebene. Als Einzelne, Kirchen und Organisationen können wir unseren Beitrag leisten.

Dr. Gisela Schneider
Direktorin des Difäm
im März 2013

VORWORT DER SCHWEDISCHEN ORIGINALAUSGABE

In diesem Buch geht es um ein Hilfsprojekt. Aber vor allem geht es hier um Menschen. Um die vergessenen Frauen im Kongo-Kinshasa (der offizielle Name lautet Demokratische Republik Kongo, im weiteren Verlauf dieses Buches wird das Land einfach als Kongo bezeichnet), die in dem dort herrschenden Krieg brutalen und folterähnlichen Gewaltakten ausgesetzt sind. Ihre Berichte sind erschütternd.

Es handelt aber auch von dem Arzt Denis Mukwege, der sein Leben dafür einsetzt, die Würde dieser Frauen wiederherzustellen, physisch und psychisch. Mehr noch: Mukwege wurde zur Stimme dieser vergewaltigten Frauen in der Welt. Hier berichtet er von seinem Weg aus der armseligen Pastorenbehausung in Bukavu an die Frontlinie im Kampf für die Menschenrechte. Ein Weg, bei dem er mehr als ein Mal sein Leben riskierte.

Der Einsatz des kongolesischen Arztes wurde mit dem Menschenrechtspreis der Vereinten Nationen und dem Olof-Palme-Preis belohnt. Im Jahr 2008 wurde er außerdem von der großen nigerianischen Zeitung *The Daily Trust* zum Afrikaner des Jahres gewählt. [2011 war Denis Mukwege einer der Preisträger des renommierten Deutschen Medienpreises; der Herausgeber.]

Denis Mukwege ist Gründer und Leiter des Panzi-Krankenhauses in Bukavu, das von der Cepac, der Schwesterkirche der schwedischen Pfingstbewegung, getragen wird. Dieses Missionskrankenhaus, das innerhalb des afrikanischen Gesundheits- und

Krankenpflege Modellcharakter besitzt, erhält von Schweden und anderen Ländern wirtschaftliche Unterstützung.

Die Stimme der vergessenen Frauen[1] ist kein Buch über das Panzi-Krankenhaus im Allgemeinen, sondern über ein eigenständiges Projekt im Rahmen des Krankenhauses. Verwaltet wird es von der schwedischen Pfingstmission (PMU InterLife) und finanziert aus Hilfsgeldern der Europäischen Union, genauer durch ECHO, der Abteilung für humanitäre Hilfeleistungen, und von der Schwedischen Zentralbehörde für internationale Entwicklungszusammenarbeit (Sida).

Entwicklungshilfeministerin Gunilla Carlsson, die das Projekt vor Ort besichtigte, bezeichnete es ein Beispiel für eine gelungene Hilfe. »Wir sind stolz darauf, dies gemeinsam mit der PMU InterLife durchführen zu dürfen«, sagt sie in einem Interview, das ebenfalls in diesem Buch abgedruckt ist.

Die schwedische Pfingstmission finanziert aus gesammeltem Geld das Begleitprojekt *Dorkas*. Dabei handelt es sich um ein Frauenzentrum und einen Übergangsraum für die vergewaltigten Frauen, der sie zurück in die Gesellschaft führen soll, da sie aus ihren Familien und den Dorfgemeinschaften ausgeschlossen wurden.

Denn bei der Arbeit mit den vergessenen Frauen geht es nicht nur darum, die notwendige medizinische Hilfe zu leisten und die Traumata zu verarbeiten, sondern auch darum, dass sie die Lust am Leben neu erobern und die Hoffnung auf Zukunft wiedergewinnen.

Birger Thureson

---

[1] Übersetzung des schwedischen Originaltitels *De glömda kvinnornas röst*, 2009.

Die Hoffnung lebt – trotz allem

Es könnte das Hauptquartier der Hoffnungslosigkeit sein. Denn in das Panzi-Krankenhaus kommen viele vergewaltigte und traumatisierte Frauen, vor allem aus der Provinz Süd-Kivu, aber auch aus angrenzenden Regionen. Und auch aus Burundi und Ruanda finden einige den Weg dorthin.

Zivile Organisationen treffen auf die Opfer von sexueller Gewalt, die ein Teil des blutigen Konfliktes in dieser Gegend[2] ist, und schicken sie in das Panzi-Krankenhaus in Bukavu. Betroffene Frauen hören das Radioprogramm des Krankenhauses, in dem man sie über die Möglichkeit informiert, dort Hilfe zu bekommen und das Hospital aufzusuchen. Eine der im Unglück verbundenen Schwestern hat erzählt, dass es in Bukavu ein Krankenhaus gibt, in dem man sich um vergewaltigte Frauen jeglichen Alters kümmert.

Schlachtfeld der Männer. Opfer des Krieges. Ernte der Zerstörung.

An einem frühen Vormittag, an dem die Sonne langsam aber sicher den Regen der Nacht aus dem glitzernden Gras verdunsten

---

[2]   Bukavu und Umgebung. Bukavu ist eine Stadt im Osten der Demokratischen Republik Kongo am südwestlichen Ufer des Kivu-Sees, direkt an der Grenze zu Ruanda. Es ist zugleich die Hauptstadt der Provinz Süd-Kivu.

lässt, gehe ich über das Gelände des Krankenhauses zu dem Ort, an dem die Frauen wohnen und arbeiten – ja, auch arbeiten – im Warten darauf, dass sie weiter behandelt werden. Dort kann man sehen, dass das Opferbild nicht das ganze Bild ist. Dass die Schwärze nicht total ist.

Lächeln begegnet mir. Ich höre Lachen, so aufrichtig und herzlich, dass es nicht gespielt sein kann. Es ist ein Lachen, das aus der Freude darüber entspringt, dass die Sonne nach einer dunklen Nacht aufgegangen ist, und dass das Leben trotz allem weiter geht. Ja, dass das Leben geradezu wert sein kann, es zu leben.

Nein, nicht alle lächeln. Nicht alle lachen. Ich sehe ältere Frauen mit traurigen Gesichtern und in sich gekehrten Blicken, die nahezu bewegungslos auf ihren Holzbänken oder auf einer ausgebreiteten Matte im Gras sitzen. Viele von ihnen haben alles im Krieg verloren. Mann. Kind. Haus. Ziegen. Den Lebensfunken. Und ein Teil von ihnen hat beinahe den Verstand verloren.

Es gibt dort junge Mädchen, zarte Wesen, über deren Antlitz etwas Fragiles und Scheues liegt. Sie wenden ihren Blick ab, wenn ich ihnen begegne. Manche tragen ein Kind auf ihrem Rücken. Vielleicht die Frucht eines monatelangen Daseins als Sexsklavin einer Milizgruppe, einer Zeit, die ihr Leben für immer gezeichnet hat. Sie lächeln nicht. Sie lachen nicht. Jedenfalls noch nicht. Vielleicht werden sie es eines Tages tun können, ich weiß es nicht. Doch bis dorthin ist es vermutlich ein langer Weg.

Aber andere scheinen Kraft zu schöpfen aus einer unsichtbaren Quelle. Sie sind Schwestern, in Trübsal miteinander verbunden, die sich dazu entschlossen haben, dass dies nicht das Ende ist. Die aktiv und bewusst und mit der Unterstützung einer professionellen Umgebung, durch Ärzte, Krankenschwestern, Psychologen und Sozialarbeiter, einen Weg suchen, der weiterführt.

Einige sind damit beschäftigt, Körbe und Matten herzustellen, oder mit einem anderen Handwerk. Das ist eine Tätigkeit, die eine therapeutische Funktion erfüllt. Aber es ist auch eine wirtschaftliche Stütze. Die Frauen bekommen hier das gesamte

Material umsonst. Ihre fertigen Produkte können sie mitnehmen und verkaufen, wenn sie wieder nach Hause gehen oder ein neues Leben an einem neuen Ort beginnen.

Sie sitzen in Gruppen zusammen und arbeiten. Erzählen. Teilen ihre schmerzenden Erinnerungen miteinander. Und entdecken dabei, dass nicht nur das Erzählen ein Heilmittel sein kann, sondern auch das Hören der furchtbaren Erfahrungen anderer. Man ist in seinem Unglück nicht allein, und in diesem Entdecken liegt eine Kraft. Es ist, als ob die Schmerzen gelindert werden, wenn man sie teilt.

Die Psychologin des Panzi-Krankenhauses, Cecile Kamwanya, erzählt, wie wichtig es ist, dass neue Vergewaltigungsopfer, die im Krankenhaus ankommen, in eine Gruppe eingegliedert werden und dort die Geschichten anderer ausgestoßener Frauen hören können.

»Opfer sexueller Gewalt kommen nicht nur mit physischen Schäden hierher, sie haben auch große emotionale Probleme. Viele sind von den Familien und der örtlichen Gesellschaft verstoßen worden. Sie sind gebrandmarkt und isoliert. Ihnen fehlt das Selbstvertrauen. Ein Teil sondert sich ab, zieht sich zurück. Es ist nicht ungewöhnlich, dass unsere Patientinnen ernsthaft über Selbstmord nachdenken.

Manche der Frauen, die einem brutalen Gewaltakt ausgesetzt waren, glauben, dass ihre Erfahrung einzigartig ist, dass sie mit ihrem furchtbaren Erlebnis allein sind. Darum lassen wir neue Patientinnen in eine Gruppe gehen, deren Teilnehmer schon länger in Behandlung sind und die offen wagen, das was geschehen ist, zu beschreiben. Es hilft denen, die neu sind, sich zu öffnen und zu erzählen. Die, die gerade hierher gekommen sind und die es auf vielfältige Weise sehr schwer haben, können hier lernen, dass es Frauen gibt, die es noch viel schlimmer getroffen hat. Das ist eine nützliche Einsicht.«

Cecile Kamwanya hebt die Bedeutung hervor, die das gastfreundliche Milieu des Krankenhauses besitzt. Hier werden Frauen mit inneren und äußeren Wunden geheilt, da ist es wichtig, dass sie sich heimisch und geborgen fühlen. Und als Teil des Ganzen.

Deshalb macht man viel gemeinsam. Nicht nur in den Gruppen, die sich den verschiedenen Handwerken widmen. Man singt und tanzt auf besonderen Versammlungen. Das Krankenhaus organisiert Ausflüge zu verschiedenen Orten in Bukavu und Umgebung. Manchmal geht man einfach aus und isst in einem Restaurant.

Aber immer gilt, dass man behutsam vorgeht und die Bedürfnisse jeder Einzelnen sieht. Nicht einmal die Vergewaltigungsopfer bilden eine homogene Gruppe. Deshalb wird der kulturelle Hintergrund ermittelt, der das Verhalten jeder Einzelnen erklären kann. Und die Behandlung baut auf äußerst individuellen Einschätzungen auf.

Im Tal hinter den eigentlichen Krankenhausgebäuden steht eine große, offene Halle, in der sich die Frauen gerne versammeln. Dort werden auch Seminare und Kurse abgehalten. Heute höre ich fröhliches Lachen aus einer Ecke in der Halle.

Dort sitzt Esther Munyerenka, eine der acht Sozialarbeiterinnen des Projekts. Sie und eine andere Frau, eine der Patientinnen, halten sich an den Händen und lachen so, dass die Zähne im Halbdunkel aufblitzen. Ich verstehe nicht, was sie sagen, aber ich komme trotzdem näher. Ich kenne Esther bereits – dieses Urbild an Mütterlichkeit und Wärme und Fürsorge. Als sie ausgelacht haben, bitte ich Esther, mir von ihrer Arbeit zu erzählen.

Ich erfahre, dass die Sozialarbeiter Krankenschwestern sind, die von Psychologen und anderen Experten in Traumaverarbeitung ausgebildet wurden. Sie fungieren als eine Art sozialer Kitt im Alltag der Vergewaltigten im Krankenhaus. Sie sind die

Guides in einer Gegenwart, die voller Verwirrung und Verzweiflung ist und viele Fragen im Blick auf die Zukunft aufwirft. Esther sagt:

> *»Ich bin hier, um dabei mitzuhelfen, die inneren Wunden der Frauen zu heilen. Viele sind vor den Augen ihrer eigenen Familie vergewaltigt worden, in manchen Fällen haben die Männer der Milizen nahe Angehörige gezwungen, die Vergewaltigung durchzuführen. Nur um die Frau und ihre nächsten Angehörigen zu erniedrigen. Wenn sie dann hierher kommen, sind sie innerlich kaputt. Sie müssen geheilt werden.*
>
> *Morgens komme ich hierher und besuche die Frauen. Wir singen eine Weile zusammen, und ich spreche mit so vielen wie möglich. Ganz schnell merken dann ich und andere Sozialarbeiter, welche offen und bei guter Laune und hoffnungsvoll sind, und welche unter ihnen in sich gekehrt, voller Kummer sind und sich nicht gut fühlen. Mit denjenigen, denen es ganz besonders schwer geht, führen wir private Gespräche. Wir greifen ihre individuellen Probleme auf, wir hören zu und lassen sie erzählen; wir versuchen, die Unruhe zu vertreiben. Ein Teil lebt auf, wird froh und dankt für die Hilfe, andere brauchen vielleicht Kontakt zu einem Psychologen, für eine intensivere Behandlung. Und manchmal sehe ich, wie jemand, der während eines Gesprächs aufgeatmet hat, ein paar Stunden später wieder in seinen Sorgen und seiner Einsamkeit versinkt. Dann muss man neu Kontakt aufnehmen und weiter über das reden, was so schwer und schmerzhaft ist. Es geht darum, etwas Positives zu finden, ihnen die Lust am Leben wiederzugeben. Als Sozialarbeiterin vermittle ich den Frauen auch praktisches Training, zum Beispiel bringe ich ihnen bei, wie man auf seine Hygiene achtet, welche Dinge gut zum Essen sind und wie man mit seinem Kind umgeht.«*

Die ausgestoßenen Frauen benötigen bei einer ganzen Menge praktischer Probleme Unterstützung und Hilfe. Sie stehen, im Blick auf die Zukunft, vor schweren Entscheidungen. Wenn sie hierher kommen, sind sie ratlos, verwirrt, verwundet an Leib und Seele, das Leben hat eine Wendung genommen, die unerhört dramatisch und tragisch ist. Die Zukunft ist eine Nebelbank, die undurchdringlich zu sein scheint.

Das Krankenhaus ist eine neue und fremde Umgebung. Aber dort begegnet ihnen Freundlichkeit und Wärme. Für einen Teil bedeutet die medizinische und psychologische Hilfe Hoffnung – für andere sieht es düsterer aus. Aber für alle ist das Krankenhaus eine Oase der Geborgenheit. Beunruhigung gibt es im Blick auf die Zukunft, und hier besteht das Risiko, dass die Beunruhigung in Angst und Verzweiflung umkippt. Da kann es schnell passieren, dass Panik das Ruder übernimmt und das Leben steuert.

Im Rahmen des Projektes im Panzi-Krankenhaus, das von PMU InterLife verwaltet und von ECHO[3], und Sida[4] finanziert wird, wird eine vorbeugende und beratende Arbeit geleistet. So besteht zum Beispiel das Risiko, dass eine vergewaltigte Frau, die von ihrem Mann und der Familie sitzen gelassen und aus der örtlichen Gesellschaft ausgestoßen wird, keine andere Möglichkeit sieht, als Prostituierte zu werden, ihren Körper zu verkaufen, der bereits geschändet und erniedrigt worden ist. Diesem Risiko kann man nicht mit moralischen Verurteilungen begegnen, es braucht praktischen Rat, der verhindert, dass die Frau im hoffnungslosen Sumpf der Prostitution versinkt. Man muss ihr helfen, andere Wege für ihre Versorgung zu finden, Wege in eine menschenwürdige Zukunft.

Darum gibt es im Panzi-Krankenhaus Psychologen mit ihrer professionellen Unterstützung, und es gibt Esther und ihre Kollegen und Kolleginnen, mit ihrem Wissen, ihren Lebenserfahrungen und ihrer mitfühlenden Wärme. Und es gibt das Frauenzentrum *Dorkas* und weitere zusätzliche Projekte, in denen diejenigen, die im Panzi-Krankenhaus behandelt werden, eine Ausbildung und Mikrokredite erhalten, damit sie einen Weg nach vorne finden können, für sich selbst und für ihre Kinder.

---

[3]   Humanitarian Aid and Civil Protection of the European Commission.
[4]   Swedish International Development Cooperation Agency.

An den Tagen, an denen ich mich im Krankenhaus in Bukavu aufhalte, um die Interviews zu machen, ergreife ich so oft wie möglich die Gelegenheit, einfach auf dem Gelände umherzulaufen. Es ist eine bunte Welt, voller Aktivitäten, voller Leben. Und Tod.

Dort sind ja nicht nur die Frauen, die vergewaltigt oder auf andere Art und Weise vom Fluch des Krieges getroffen wurden. Kleine Kinder tappen umher, in oder ohne Begleitung ihrer Mütter. Manche mit geschwollenen Hungerbäuchen. Alte Menschen bewegen sich langsam und vorsichtig über die gepflasterten Flure. Junge Kinder hüpfen mithilfe von Krücken umher. Weiße Kittel flattern in alle Richtungen vorbei oder versammeln sich zu einer kurzen Minikonferenz, auf dem Weg zwischen Operationssälen und Krankenbetten. Krankenwagen kommen an, andere Fahrzeuge sammeln Gruppen von Frauen ein, die nach Abschluss der Behandlung nach Hause in ihre Dörfer gebracht werden sollen.

Manchmal durchschneidet ein Ruf die Luft; lautstarkes Weinen breitet sich aus, von Einzelnen zu ganzen Gruppen, der Ruf nimmt an Umfang und Stärke zu. Jemand war gestorben. Die Krankheit konnte nicht geheilt werden. Das Leben war zu Ende. Angehörige öffnen die Schleusen ihres Schmerzes und lassen der Sorgenflut freien Lauf. Die Rufe und das Weinen erzählen, dass selbst die beste Krankenpflege ihre Grenzen hat, dass sie die Grundverhältnisse des Lebens nicht verändern kann, dass das Leben endlich ist, dass der Tod uns am Ende alle heimsucht. Und ich erinnere mich daran, dass dies hier Afrika ist, nicht Schweden, wo der Tod und der Kummer diskret verborgen werden, damit die Umgebung nicht gestört wird.

Die Schmerzensrufe sind am heftigsten, wenn ein kleines Kind gestorben ist, wenn die Verzweiflung der Mutter grenzenlos erscheint und der Trost der Umgebung wirkungslos bleibt. Ich höre es eines Tages, als eine Prozession mit einem kleinen weißen Sarg vorbeizieht.

Dann denke ich wieder an diese Frauen, die hierher gekommen sind, mit all den düsteren Erinnerungen an das Sterben ihrer Familienmitglieder belastet. Ehemänner, Söhne, Töchter, Brüder und Schwestern, die brutal und sinnlos zu Tode gequält wurden, von Rebellen, Milizgruppen und Soldaten, ohne Gnade und Barmherzigkeit. Nun trauern sie mit anderen, nehmen an ihrem Weinen teil, und für eine Weile kann ich denken, dass dies hier die Geschichte des Kongo ist, die wie eine offene Wunde blutet. Wann hat diese Plage für dieses Volk ein Ende?

Und die andere Seite – der Ton der Hoffnung, den ich auch zwischen den Gebäuden des Krankenhauses höre. Am klarsten und deutlichsten vielleicht bei den Morgenversammlungen, die im rechteckigen Garten abgehalten werden, mit seinem dicken, frisch geschnittenen Gras und den schön gepflegten Blumen unter dem offenen Himmel, und mit überdachten Sitzplätzen. Auf der kurzen Seite stand eine Kanzel mit Mikrofon, und ganz dicht daneben, auf einer der langen Seiten sang an bestimmten Morgen ein Chor, unterstützt von Trommeln. Die Frau, die mit großer Energie die Trommeln schlug, sah aus, als ob sie vollkommen von Glück erfüllt wäre.

Kurz nach sieben Uhr versammeln sie sich hier: Patienten, die nicht an das Bett gebunden sind, und das Personal, das Zeit hat. Man singt zusammen, kraftvoll und rhythmisch. Gerade anwesende Gäste des Krankenhauses werden vorgestellt. Jemand liest tröstende Worte der Bibel vor und spricht, aufmunternd und belebend, um Hoffnung und Vertrauen in die niedergeschlagenen Sinne einzuflößen. Dann singt man wieder, klatscht den Takt dazu, wenn der Rhythmus dazu verlockt, und die Morgensonne lässt die Feuchtigkeit im Gras glitzern.

Eines Morgens ist Lauri J. Romanzi mit in der Morgenversammlung. Er ist ein Arzt aus New York City, der im Rahmen der Zusammenarbeit des Panzi-Krankenhauses mit der Harvard-Universität, vorübergehend zu Besuch in Bukavu ist.

Hinterher sagte er zu mir:»Ich bin ja nicht besonders religiös, aber das hier, das ist eine gute Therapie. Das ist genau das, was die Frauen brauchen.«

Ich begreife, was er meint. Das tägliche Morgengebet ist eine der Gelegenheiten im Panzi-Krankenhaus, bei denen den Hoffnungslosen Hoffnung vermittelt wird, bei denen die Freude durch die schweren, schwarzen Schleier der Sorge bricht, so wie die ersten Sonnenstrahlen die dichte Dunkelheit der Nacht in die Flucht schlagen. Es ist ein Teil der Resozialisierung, des Weges zurück in das Leben.

Als ich den rechteckigen Garten verließ, hörte ich immer noch Gesang, die wiegende rhythmische Melodie, Worte, die ich nicht verstand und dennoch verstand.

Vergewaltigt und verstoßen

MAKANGILU TUNGA,[5] 32 JAHRE

»Er schoss mit dem Gewehr direkt in meinen Unterleib«

Ich bat sie, ihre Geschichte zu erzählen. Sie zögerte.

»So viele Journalisten sind gekommen und haben die vergewaltigten Frauen interviewt, die hier im Panzi-Krankenhaus Pflege bekommen. Die Journalisten haben versprochen, dass ihre Berichte den Krieg stoppen würden. Aber je mehr wir erzählt haben, desto schlimmer ist die Situation hier im östlichen Kongo geworden.«

Die 32-jährige Makangilu Tunga ist enttäuscht.

Wir begegnen uns gerade zu Beginn der Regenzeit, im Oktober 2008. Die Wege sind verschlammt und rutschig. Durch Bukavu, die einmal die glänzende Perle des Ost-Kongo am Ufer des Kivu-Sees war, die aber heute durch Krieg und Erdbeben zerstört ist, ziehen sich endlose Schlangen von Fußgängern entlang der Straßen. Menschen schlittern im Matsch umher, Autos mühen sich langsam vorwärts, wo sich Lücken in diesem Zug der Lemminge auftun, Motorräder nehmen freche und gefährliche Abkürzungen im Straßenverkehr und spritzen die Fußgänger mit Dreck voll.

Hierher nach Bukavu kommen Flüchtlinge aus den weitläufigen Regionen, in denen bewaffnete Milizgruppen und Armeen

---

[5] Alle Namen der interviewten Frauen wurden anonymisiert.

die Einwohner der Dörfer terrorisieren, sie einschüchtern, um sie zu unterwerfen, Steuern eintreiben, Frauen vergewaltigen, die Widerspenstigen umbringen. Oder sie einfach erschlagen, weil sie Lust dazu haben – Männer, Frauen und Kinder.

In Bukavu können sie einigermaßen sicher leben, unter dem Schutz von UN-Soldaten. Aber die tägliche Jagd nach etwas zu essen ist mühsam, und die Hoffnungslosigkeit schleicht sich leicht bei denen ein, die vor einem elenden Leben geflüchtet sind, in dem Glauben, dass es ein besseres gibt.

Ich sitze im Gästehaus des Panzi-Krankenhauses mit Makangilu und der Übersetzerin Märth-Greta Halldorf[6], die schon viele Jahre hier lebt und nicht nur die Sprache kennt, sondern auch die Kultur und die Menschen. Auch sie sieht Makangilus Zögern und spricht mit ihr über den Nutzen, etwas zu erzählen. Ich verspreche nicht, dass das Interview mit ihr irgendeinen Krieg beenden wird, aber dass es vielleicht den einen oder anderen, die Lichtjahre von Makangilus Welt entfernt leben, aufwecken wird, sodass sie verstehen, was hier vor sich geht. Und die zumindest versuchen, etwas gegen das Elend zu unternehmen.

So beginnt sie zu erzählen, wie sie aufgewachsen ist im Dorf Mboko im Fizigebiet. Mit 23 Geschwistern – ihr Vater hatte vier Frauen. Die Familie lebte von der Landwirtschaft und vom Fischfang. Und Makangilu erzählt von dem, was geschah, als sie 25 Jahre alt war, geheiratet hatte und nach Uvira zog.

»Eine meiner Schwägerinnen war gestorben. Ich reiste gleich zu meinen Eltern, um bei dem Begräbnis dabei zu sein. Einige von uns

---

[6] Im Osten des Kongo wird u. a. Swahili gesprochen, das zu den Bantusprachen gehört. Es ist die am weitesten verbreitete Verkehrssprache Ostafrikas. Neben der Amtssprache Französisch und dem Swahili, werden im Kongo außerdem noch Kikongo, Lingála und Tschiluba gesprochen.

sollten den Leichnam holen und ihn an den Ort des Begräbnisses bringen. Ich und eine ältere Frau waren getrennt von der übrigen Gruppe, wir liefen ein Stück weit hinter den anderen. Plötzlich tauchte ein ruandischer Soldat auf dem Weg auf. Er war bewaffnet und forderte uns auf, umzukehren. Wir dürften nicht weiter gehen, sagte er. Wir denken nicht daran, umzukehren, sagten wir. Denn wir sollten einen toten Verwandten holen, der begraben werden sollte. Da sagte der Soldat, dass meine Begleiterin weitergehen könnte, ich sollte aber da bleiben und ihm bei einer Sache helfen solle.

Ein Stück entfernt vom Weg gab es einen Fluss. Der Soldat verlangte, dass ich ihn über den Fluss tragen solle. Das war ja unmöglich, deshalb sagte ich, dass ich das nicht könne. Da zwang er mich, den Weg zu verlassen und auf einen kleinen Pfad im Wald zu gehen, und sagte mir, dass er mich töten würde, weil ich ihm widersprochen hatte. Dann warf er mich auf den Weg und fing an, mir die Kleider vom Leib zu reißen. Da hörte ich jemanden kommen. Ich schrie um Hilfe, so laut ich konnte und versuchte gleichzeitig, mich zu befreien. Ein Mann tauchte auf dem Pfad auf, aber er wagte es nicht, einzugreifen, sondern verschwand so schnell er konnte wieder.

Ich versuchte, mich gegen den Soldaten zu wehren, und kämpfte weiter mit ihm, so gut ich es eben konnte. Da hörte ich Gewehrfeuer – ganz in meiner Nähe. Es waren einige Schüsse. Und der Soldat schoss auf meine Vagina, aber ich begriff nicht, was da geschah, fühlte nur, dass es furchtbar wehtat. Und ich kämpfte um mein Leben. Der Soldat warf sein Gewehr weg, zog sein Messer und drohte, mir die Kehle durchzuschneiden. Aber auf irgendeine merkwürdige Art und Weise bekam ich die Kraft, ihm das Messer aus der Hand zu schlagen. Er ließ es fallen. Der Soldat hatte wohl geglaubt, ich würde schon sterben und war völlig überrascht.

Es gelang mir, mich von dem Mann wegzuschleppen, der sich seine Sachen wieder anzog, die er ausgezogen hatte, um mit mir zu schlafen. Dann rannte er einfach davon. Ich brach unter einem Baum zusammen und war zu nichts mehr fähig. Ich fühlte, wie meine Kleidung von der Mitte an abwärts immer klebriger vom Blut wurde.

Die ältere Frau, mit der ich zusammen unterwegs gewesen war, hatte die Schießerei gehört und vermutete, dass ich getötet worden war. Sie kam zurück, um nachzusehen, was passiert war. Sie sucht nach mir und rief meinen Namen. Zunächst erkannte ich die Stimme nicht wieder, sondern nahm an, dass es der Soldat war, der zurückkam. Aber dann hörte ich, wer es war und gab mich zu erkennen.

Meine Begleiterin hob mich hoch und stützte mich, sodass wir zu unseren Freunden gehen konnten, die auf uns warteten. Streckenweise musste sie mich tragen, ich war völlig kraftlos. Es war eine furchtbar schmerzhafte Wanderung, über zwei bis drei Kilometer, bis wir endlich die anderen erreichten. Alle waren ziemlich verängstigt. Sie hatten die Schüsse gehört und ihnen war klar geworden, dass es in dieser Gegend fremde Soldaten gab und dass wer weiß was passieren konnte.

Meine Freunde brachten mich in ein Krankenhaus in der Nähe, wo man mein Leben rettete, indem man mir frisches Blut gab. Aber viel mehr konnte man dort auch nicht machen. Ich wurde schnell in ein größeres Krankenhaus in Uvira gefahren, wo man mich behandeln, mir Medikamente und so weiter geben konnte.

Als man sah, wie zerfetzt mein Unterleib war, brachte man mich schnellstens in das Panzi-Krankenhaus in Bukavu. Es war das Personal des Roten Kreuzes in Uvira, das von dem neuen Krankenhaus wusste und dafür sorgte, dass ich dorthin transportiert wurde.«

Im Panzi-Krankenhaus wurde Makangilu vier Mal operiert. Dann wurde sie zur Spezialbehandlung nach Addis Abeba in Äthiopien gebracht. Nach weiteren Operationen und einer langen Genesungszeit war ihr Körper vollkommen wiederhergestellt.

»Manchmal habe ich Kopfschmerzen, das ist alles.«

Obwohl – doch nicht wirklich alles. Das, was sie durchgemacht hat, hat nicht nur sie heimgesucht; ihr Mann verließ sie nach diesen Geschehnissen. Jetzt wird sie im Panzi-Krankenhaus zur

Krankenschwester ausgebildet. Nach drei Ausbildungsjahren hat sie jetzt noch ein Jahr vor sich. Sie hofft, dass sie danach an einer Universität weiter lernen kann.

»Das Schwerste ist zurzeit noch das soziale Problem. Ich bin allein, habe keinen Mann, und eine Wiederheirat ist im Moment nicht aktuell. Meine Sorgen drehen sich vor allem um die Frage, wovon ich Tag für Tag leben soll. Ich wohne hier in Bukavu, aber mein Weg zur Schwesternschule ist ziemlich lang. Es ist anstrengend, zu laufen, aber fahren ist zu teuer.«

Gegenwart und Zukunft sind ein größeres Problem als die Vergangenheit. Aber Makangilu ist eine Frau mit entschlossenem Gesichtsausdruck und einem Blick, der nicht ausweicht. Sie hat mit dem Soldaten gekämpft, der versuchte, sie zu töten. Sie ist bereit, weiter zu kämpfen.

Ich kann es nicht lassen, meine Bewunderung für ihre Willensstärke zum Ausdruck zu bringen; es kann nicht einfach sein, wieder zurückzukommen, nach dem, was sie durchgemacht hat, und wieder ganz von vorne zu beginnen und mit einer klaren Zielsetzung zu studieren.

Sie selbst ist nicht davon überzeugt, dass dies so bemerkenswert ist.

»Ich wollte schon immer studieren, schon als ich ganz jung war, träumte ich davon, in der Krankenpflege zu arbeiten. Und jetzt mache ich das – ich studiere, um Krankenschwester zu werden und um das tun zu können, was ich schon immer machen wollte.«

Ich bin ihr dankbar, dass sie trotz ihrer Bedenken mitgemacht und ihre Geschichte erzählt hat. Sie geht aufrecht und mit erhobenem Haupt zur Tür hinaus. Die Körpersprache signalisiert, dass sie sich keine Wunder von diesem Interview erwartet. Sie ist eine von vielen Betroffenen. So wie ihr Schicksal eines von vielen dieser tragischen Berichte ist, die niemals ein Ende zu finden scheinen.

Ich wünsche ihr natürlich, dass sie nicht recht hat, dass ein Wendepunkt kommen wird, an dem der Krieg aufhören und die Menschen im Ost-Kongo erneut in Ruhe und Frieden leben können. Und ich hoffe natürlich, dass die Medien dazu beitragen werden.

Aber wie kann ich einem Menschen widersprechen, der die Schriftzeichen der Wahrheit an seinem Körper trägt, dessen Narben Zeugnis von einem unfassbar Bösen ablegen, und von der merkwürdigen Vergesslichkeit der Welt.

Die Frauen im Kongo sind nicht nur von ihren Männern verstoßen worden.

MENAKWANZAMBY NTOTELA, 37 JAHRE

»Die Dorfbewohner nannten mich Ehefrau des Feindes«

»*E*s geschah am 5. Januar 1998. *Ich erinnere, dass das ein Freitag war. Zwei Soldaten brachen in der Nacht in das Haus ein, in dem ich schlief. Ich wachte davon auf, dass sie die Tür einschlugen und einfach hereinkamen. Mein Mann war fort, weil er an einem Ort arbeitete, ziemlich weit weg von zuhause. Er war für mehrere Wochen verreist.*

Die Soldaten fragten nach meinem Mann. Ich sagte ihnen, wie es war, dass er nicht zuhause sei. Du musst uns alles Geld geben, das du hier im Haus hast, sagten sie, und bedrohten mich mit ihren Waffen. Es gibt hier kein Geld, antwortete ich. Da zeigte einer der Soldaten sein Gewehr und sein Messer und fragte mich, was ich vorziehen würde. Damit meinte er, dass ich die Waffe wählen sollte, mit der er mich töten sollte. Keine davon, ich verabscheue beide, antwortete ich.

Dann erinnerte ich mich daran, dass hier im Haus 400 kongolesische Franc waren, es war Geld, das mein Mann mir hier gelassen hatte für den Schulbesuch der Kinder. Ich holte die zerknitterten Geldscheine und gab sie den Soldaten.

Aber das reichte nicht aus. Sie gingen durch das ganze Haus und stahlen alles. Sogar meine Kleider nahmen sie. Dann zwangen sie mich auf den Boden, und der eine der beiden Männer, der das Kommando zu haben schien, vergewaltigte mich vor den Augen meiner eigenen Kinder. Das war entsetzlich. Ich befand mich gerade in einem Zustand, in dem ich schwanger werden konnte. Dann schoss mir dieser Gedanke durch den Kopf. Nun bekomme ich ein Kind, ein Interahamwe-Kind.[7]

Nachdem sie alles gestohlen hatten, was wir besaßen und mich vor den Augen der Kinder vergewaltigt hatten, verließen sie uns und verschwanden.

Nach einer Weile kam ja mein Mann nach Hause und ich erzählte ihm, was geschehen war. Und es war genauso, wie ich befürchtet hatte, ich war durch die Vergewaltigung schwanger geworden. Mein Mann sagte, dass wir das, was passiert war, niemandem erzählen könnten, deshalb sollten die Leute glauben, dass er der Vater des Kindes war. Er sorgte dafür, dass ich zu einem Gesundheitszentrum gehen konnte, wo man mich auf HIV testen konnte. Aber ich war gesund, so konnten wir wieder zusammenleben.«

Menakwanzamby bekam das Kind. Das Leben ging weiter. Alles lief ungefähr so weiter wie vorher. Nach einer Weile bekam sie erneut ein Kind zusammen mit ihrem Mann.

Einige Jahre später, genauer gesagt 2007, geschah es wieder. Interahamwe griffen überraschend das Dorf an, sie stahlen und vergewaltigten.

»Dieses Mal kamen drei Soldaten zu unserem Haus. Zuerst vergewaltigten sie mich, dann schlachteten sie unsere beiden Ziegen. Zusammen mit einigen anderen Leuten aus unserem Dorf wurden mein Mann und ich weggebracht. Wir wurden gezwungen, unsere Kinder zuhause zu lassen. Es war schrecklich.

Wir liefen die ganze Nacht und trugen die Beute aus unserem Dorf, unter anderem unsere geschlachteten Ziegen, die als Proviant für die Rebellen dienen sollten. Als wir schließlich im Lager

---

[7] Die »Interahamwe« setzt sich aus ruandischen Hutu-Milizgruppen zusammen. Sie war ursprünglich eine Kampforganisation der MRND-Staatspartei Ruandas, die etwa 1990, in der Regierungszeit des Staatschefs Juvénal Habyarimana, gegründet wurde. Bald jedoch wurde sie zu einer der wichtigsten Kräfte der Hutu-Power, die die Ermordung aller Tutsi propagierte.

ankamen, fragten sie meinen Mann, ob ich wirklich seine Ehefrau sei. Ja, sagte er. Da vergewaltigten sie mich wieder, vor seinen Augen.

Dann banden sie meinen Mann an einen Baum und begannen damit, ihn zu foltern, indem sie mit Bajonetten in seinen Körper stachen. Das Blut floss. Er schrie vor Schmerzen. Er rief zu Gott. Nun töten sie mich und meine Frau, sorge du für unsere Kinder, Gott, rief er.

Ich weinte und zitterte am ganzen Körper. Die Soldaten zogen ihre Messer und stachen auf meinen Mann ein. Bis es endlich vorbei war. Er starb.

Dann schleppten mich die Soldaten zu dem zerfetzten Körper meines Mannes, der an dem Baum hing, damit ich wirklich sehen könnte, dass er tot war. Dann vergewaltigten sie mich erneut, direkt neben meinem toten Mann.

Alle meine starken Gefühle waren weg, ich war müder, als ich es jemals in meinem Leben gewesen bin. Das, was geschehen war, lässt sich nicht mit Worten fassen.

Nach einer Weile, während ich noch dort lag, entstand zwischen den Soldaten und einem männlichen Gefangenen, den sie aus dem Dorf mitgenommen hatten, ein Streit. Es gab eine Schlägerei und ein gewaltiges Durcheinander. Irgendwoher bekam ich die Kraft aufzustehen und mich in diesem ganzen Durcheinander wegzuschleichen. Ich entfernte mich, durch den Wald stolpernd, innerlich vollkommen zerrissen von all den Gefühlen und mit einer körperlichen Müdigkeit von der Wanderung und den Vergewaltigungen. Aber es gelang mir wirklich, zu fliehen.«

Lionel, knapp ein Jahr alt, bekommt Hunger und zieht während des Interviews Mamas Brust heraus. Sie lässt ihn gewähren. Er ist vermutlich ein Ergebnis der Vergewaltigung, also das zweite Kind, das sie von den Interahamwes bekam.

Und dann erzählt sie von dem Marsch, der drei Tage dauerte. Drei schwere, ermüdende Tage, in denen sie aß, was sie im Wald fand und trank, wo es Wasserquellen gab, und sich vorwärts schleppte, getrieben von dem Gedanken, dass sie nach Hause musste, zu ihren zurückgelassenen Kindern. Nachts schlief sie irgendwo, unter einem Baum, auf einem Bett aus zusammengerafftem Gras, und manchmal zitterte ihr allzu schwacher Körper vor Schrecken und vor physischer Erschöpfung. Ich höre zu und versuche zu verstehen, wie das möglich war. Sie sagt, dass sie ja nach Hause musste, zu ihren Kindern.

»Ich habe es wirklich bis zum Dorf und zu unserem Haus geschafft. Aber das Haus war leer. Die Kinder – das älteste ist 17 Jahre – waren zu meinen Eltern geflüchtet, die nicht allzu weit entfernt wohnen. Sie waren also in Sicherheit.

Nun begann eine schwere Zeit. Mein Mann war tot. Die Leute im Dorf fingen an, mit dem Finger auf mich zu zeigen. Da geht die Ehefrau der Interahamwes, sagten sie. Als ob es mein Fehler gewesen wäre, dass ich vergewaltigt worden war.

Aber ich war ja nicht die einzige Frau in der Gegend, die von diesem Schicksal getroffen wurde. Eines Tages traf ich einen Mann von irgendeiner Hilfsorganisation, der forderte mich auf, die vergewaltigten Frauen, die ich kannte, zu sammeln. Er würde dann dafür sorgen, dass wir jeweils in Fünfergruppen in das Panzi-Krankenhaus nach Bukavu gebracht würden. Das tat ich dann auch. Und so bin ich hierher gekommen.

Hier wurde ich dann untersucht und auf HIV getestet. Glücklicherweise war ich nicht angesteckt worden. Man hat mir hier auf ganz verschiedene Weise geholfen. Aber ich musste nicht operiert werden. Jetzt warte ich darauf, dass ich wieder nach Hause zu meinen Kindern reisen kann.«

Heim zu den Kindern, die Zuflucht bei ihren alten Großeltern gesucht hatten. Heim ins Dorf. Zurück in ein Leben, in dem sie sozial ausgestoßen ist, für alle Zeiten gebrandmarkt, weil ein Feind sie verunreinigt hat. Zurück in den Kampf, Nahrung für sich und die Kinder zu bekommen und Geld, sodass sie in die Schule gehen können.

Nein, wir haben nicht so ausführlich darüber gesprochen. Menakwanzamby ist dankbar dafür, dass sie lebt, trotz allem. Sie ist froh, dass sie ihre Kinder hat. Auch das Kleinste, das vermutlich ein Resultat der Vergewaltigung ist, nimmt sie liebevoll in den Arm.

Sie weiß sicherlich, dass die Zukunft problematisch werden wird, aber sie ist bereit, ihr zu begegnen. Und nichts kann ja so schlimm werden wie das, was ihr schon zugestoßen ist.

DIABANZILUA PAUL, 44 JAHRE

»Sie säuberten mich mit einem Gewehrlauf«

» *Ich war draußen auf dem Feld und arbeitete und wollte zum Fluss hinuntergehen, um Wasser zu holen. Als ich an das Ufer kam, kamen mir drei Soldaten entgegen. Sie sprachen Kinyarwanda.*[8]

Ich verstand, was sie vorhatten, und fing an zu schreien, in der Hoffnung, dass mich jemand hören und mir zu Hilfe kommen würde. Mein Bruder war ganz in der Nähe, er hörte meine Rufe und kam angelaufen.

Weil du so geschrieen und gebrüllt hast, soll dein Bruder jetzt mit dir schlafen, sagten die Soldaten. Sie rissen mir und meinem Bruder die Kleider vom Leib, und versuchten ihn zu zwingen, mit mir Verkehr zu haben, aber er weigerte sich.

Dann fesselte sie meinen Bruder und vergewaltigten mich vor seinen Augen. Als der erste Soldat fertig war, wickelte er ein Stück

---

[8] »Kinyarwanda (auch Kinjaruanda, Ruanda oder Ruandisch) ist eine in Ruanda sowie in angrenzenden Gebieten der Demokratischen Republik Kongo und Ugandas verbreitete Bantusprache mit ca. neun Millionen Sprechern und Ethnosprache der Hutu, Tutsi, Banyamulenge und Twa. Kinyarwanda ist neben Französisch und Englisch Amtssprache in Ruanda und mit dem Kirundi, der Sprache des benachbarten Staates Burundi, praktisch identisch. Anfang des 20. Jahrhunderts, unter der deutschen Kolonialzeit in Ruanda-Urundi, erfolgte eine lateinisch basierte Verschriftung.« (Quelle: Wikipedia)

Stoff um den Lauf seines Gewehres und führte es in meine Vagina ein, um sie von seinem Sperma zu reinigen. Die nächsten machten das auch. Sie säuberten mich, als wäre ich ein Gewehr. Mein Bruder war gezwungen, das alles mit anzusehen, ohne dass er etwas dagegen tun konnte.

Als sie fertig waren mit mir, begannen sie, meinen Bruder zu quälen, weil er sich geweigert hatte, ihnen zu gehorchen, als sie ihm befahlen, mit mir, seiner Schwester, zu schlafen. Sie sammelten eine Menge Steine zusammen, schwere Steine, und bewarfen ihn damit. Sie machten solange damit weiter, bis er starb.

Dann verschwanden die Soldaten. Einige Nachbarn aus dem Dorf kamen vorbei, die mir aufhalfen und sich um mich und den toten Körper meines Bruders kümmerten. Als ich nach Hause kam, machte ich Wasser warm und wusch mich, aber ich fühlte mich ziemlich elend und mir war klar, dass ich Hilfe brauchte.

Mein Mann bat mich, zu packen und zu verschwinden, als er mitbekam, was passiert war. Er wollte mich nicht mehr länger als Ehefrau bei sich haben, sagte er. In seinen Augen war ich wertlos.

Eine Nachbarsfrau, die bereits früher vergewaltigt worden war, und im Panzi-Krankenhaus in Bukavu Hilfe bekommen hatte, sagte, dass ich dorthin müsse, denn dort würde man mir auf die richtige Art und Weise helfen. Ich bekam heraus, dass es noch mehrere aus unserem Dorf gab, die aus verschiedenen Gründen nach Bukavu wollten. Weil keiner von uns die Möglichkeit hatte, ein Verkehrsmittel zu bezahlen, liefen wir zusammen dorthin. Der Fußmarsch nach Bukavu dauerte drei Wochen.

Im Krankenhaus untersuchten sie mich gründlich, sie nahmen Proben und gaben mir Medikamente. Jetzt ist meine Behandlung zu Ende und mir geht es wieder gut.«

Diabanzilua Paul lebt heute im Dorkas, einem Zentrum für vergewaltigte Frauen, das eng mit dem Panzi-Krankenhaus zusammenarbeitet. Unterstützt wird es aus Mitteln von PMU InterLife in Schweden. Dorkas ist eine Zuflucht für vergewaltigte Frauen, die nicht mehr in ihr Dorf und ihre Familie zurückkehren dürfen oder können. Hier bekommen sie nicht nur ein Dach über den

Kopf und finden Schutz, sie bekommen auch eine Ausbildung – von der Alphabetisierung und Kursen über die Rechte von Kindern und Frauen bis hin zu Ausbildungen, die sie zu Selbstversorgern machen können.

Als ich Diabanzilua Paul in dieser Umgebung begegne, strahlt sie vor Selbstvertrauen und spricht wie ein Mensch mit Zukunftshoffnung.

»Ich habe hier eine Menge gelernt. Zuerst lernte ich lesen und schreiben, dann besuchte ich die anderen Kurse. Jetzt leite ich Frauengruppen und habe ein Auge auf die, die in Dorkas waren, damit wir sehen können, wie es ihnen geht. Und dann bin ich auch noch Köchin hier.

Mein jüngster Sohn, er ist 14, wohnt hier bei mir und geht in die Schule. Die anderen sind schon groß genug, um selber klar zu kommen. Ich hoffe, dass ich hier bleiben und arbeiten kann. Das, was ich hier mache, macht mir große Freude. Und hier ist es ruhig und sicher. Mein Mann wird mich niemals mehr zu sich zurückholen, darum ist es unmöglich, dass ich in mein Heimatdorf zurückkehre.

Das geht nicht.«

»Ich nahm von Panzi-Krankenhaus das Bild mit von unbeugsamen Frauen und Mädchen, die sich trotz allem, dem sie ausgesetzt waren, wieder aus der Erniedrigung erheben und ihr Leben wieder aufbauen. Darum weiß ich, dass es Hoffnung gibt für den Kongo.

Entwicklungshilfeministerin Gunilla Carlsson in der Zeitung *Aftonbladet*, vom 4.2.2008

Diabanzilua Paul ist eine der Frauen, die die Schuld für etwas zu tragen haben, an dem sie vollkommen unschuldig sind.

Vielleicht ist das die dunkelste Seite der ganzen Geschichte. Die Frauen, die buchstäblich die Wirtschaft des Landes auf ihren starken Rücken tragen und den Nabel der Zivilgesellschaft bilden, werden für etwas, für das sie nichts können, auf den Müll geworfen. Für etwas, was Männer getan haben, und für das sie niemals gerade stehen müssen. Das ist eine himmelschreiende Ungerechtigkeit, die aber nur allzu oft auf taube Ohren stößt.

Ein Licht in dieser Dunkelheit ist, dass es viele Frauen so machen wie Diabanzilua Paul – sie packen ihr Leben an und gehen weiter. Trotz allem. Um ihrer selbst willen, und um der Kinder willen.

Nzumba Ngudyavita, 19 Jahre

Sie war sexueller Folter ausgesetzt

Der rechte Arm hängt ein wenig schlaff an der Seite, wie ein Ast, der vom Sturm angeknickt wurde. Sie ist eine behinderte afrikanische Frau, untauglich für die Arbeit auf dem Feld, vermutlich nicht vermittelbar auf dem Heiratsmarkt.

Sie war mit einem kongolesischen Soldaten verheiratet, der bei den Kämpfen mit den Rebellen verschwand. Das war, ehe die Krankheit sie teilweise lähmte. Jetzt ist sie mit zwei Kindern allein. Was mich verwundert ist, dass Nzumba Ngudyavitas Blick so lebendig ist und sie so warm lächeln kann.

»Ich war 16 Jahre alt, als ich verheiratet wurde. Wir bekamen ein Kind, und ich war gerade wieder schwanger, als mein Mann in den Krieg musste. Er kam nie zurück. Er ist sicher tot.

Vor drei Jahren wurde ich dann krank und meine rechte Seite wurde so merkwürdig. Aber es war nicht von Anfang an so gefährlich. Es wurde erst viel schlimmer, nachdem ich gezwungen wurde, mit diesen Männern im Wald zu leben, die mich beinahe die ganze Zeit über schlugen und vergewaltigten.

Wir waren vier Frauen aus meinem Dorf, die zur gleichen Zeit von den Soldaten aufgegriffen wurden. Ich wurde von sechs von ihnen vergewaltigt. Mitten im Dorf. Sie wechselten sich ab. Danach ließen sie uns schwere Lasten tragen und zwangen uns, ihnen in ihr Lager, mitten im Wald, zu folgen. Ich hatte mein Kind dabei, das damals zwei Jahre alt war.

Dort wurden wir zu Sklavinnen der Soldaten. Wir mussten alles tun, was sie sagten. Sie zwangen sich uns auf, immer wieder. Und sie schlugen uns.«

Zudem wurden die Frauen auch gefoltert. Nzumba Ngudyavita geht nicht in die Details, aber mit ruhiger Sachlichkeit erzählt sie von dem Unmenschlichen und Unbegreiflichen, das dort geschah.

»Die Soldaten blieben nicht allzu lange an diesem Ort. Sie zogen weiter und ließen uns zurück. Aber ehe sie uns im Lager zurückließen und im Wald verschwanden, schlugen sie Äste von den Bäumen, zündeten sie an, und dann führten sie die brennenden Zweige in unsere Vaginas. Wie eine letzte grausame Handlung. Und damit wir niemals mehr Kinder bekommen könnten. Es tat fürchterlich weh.«

An dieser Stelle braucht unser Gespräch eine Pause. Aber um meinetwillen, nicht wegen der jungen Frau. Wie viele hunderte Male sie dieses Ereignis in ihren Gedanken noch einmal hat Revue passieren lassen, weiß ich nicht. Aber für mich sind diese Bilder so brutal, dass es mir schwer fällt, sie aufzunehmen. Wie kann ein Mann solche Qualen zufügen wollen? Und woher nimmt die Bosheit ihren Erfindungsreichtum?

»Nachdem sie uns auf diese Weise verletzt hatten, gingen sie ihrer Wege, und wir blieben liegend zurück. Wir waren krank. Wir fühlten uns sterbenselend. Am Ende kamen einige Leute vorbei, sie fanden uns und brachten uns in ein Krankenhaus. Später wurden wir in das Panzi-Krankenhaus gebracht, wo man sich auf die bestmögliche Art und Weise um uns gekümmert hat. Von Zeit zu Zeit habe ich immer noch ziemliche Schmerzen. Aber dann bekomme ich Medikamente.«

Über die Zeit im Lager und die sinnlose Grausamkeit, die sie für ihr Leben gezeichnet hat, erzählt sie nichts mehr. Sie merkt nur noch an, dass das Kind, das sie im Leib trug, wie durch ein Wunder überlebte und im Krankenhaus zur Welt kam. Und sie sagt noch einmal, dass die Einschränkung an ihrem rechten Arm sich durch die Behandlung im Wald noch verschlimmert hätte. Ich erfahre auch, dass ihre Gebärmutter schwer geschädigt ist, und dass das Kind, das sie zur Welt gebracht hat, unter einer schweren Augenkrankheit leidet.

Jetzt lebt sie ihr Leben im Dorkas, dem Zentrum für die Resozialisierung von Frauen, die nach ihrer Behandlung im Panzi-Krankenhaus nicht zurück zu ihren Familien oder ihre Dörfer dürfen oder können.

»Ich war nach dem, was da im Wald geschehen ist, ziemlich schwach. Zu Beginn konnte ich fast gar nichts tun. Aber im Krankenhaus bekam ich viel Hilfe, und hier im Dorkas, habe ich lesen und schreiben gelernt. Ich kann jetzt Briefe schreiben«, sagt Nzumba Ngudyavita, und dann kommt das Lächeln. Sie ist stolz auf ihre neuen Fähigkeiten. Und sie ist zu Recht stolz darauf.

Heiraten? »Nein, das ist nicht möglich«, sagt sie. »Ich habe keine Ahnung, wie die Zukunft sein wird, aber hier im Dorkas will ich einen Beruf lernen. Und mich dann hoffentlich gut um meine beiden Kinder kümmern. Das ist eigentlich alles, was ich will.«

MAKONDAMPOVI NSABI, 43 JAHRE

»Die Angst wird mich niemals mehr loslassen«

»*E*s war ein Uhr in der Nacht, als wir hörten, dass jemand versuchte, in unser Haus einzudringen, in dem ich mit meinem Mann und unserer 18-jährigen Tochter wohnte. Wir konnten sie nicht aufhalten. Es waren Soldaten, sie trugen Uniformen, aber ich weiß nicht, welche es waren.

Zwei Männer kamen herein, andere blieben draußen und passten auf. Sie zerrten meinen Mann hinaus und erschossen ihn. Ich habe das nicht gesehen, aber ich hörte die Schüsse. Es war fürchterlich. Ich wusste ja, was passiert, wenn es knallt. Danach würden sie uns Frauen vergewaltigen. Meine Tochter schrie und schlug um sich und leistete solchen Widerstand, dass sie sie töteten. Sie erschossen sie mit einem Gewehr. Und ich war mir sicher, dass sie mich auch töten würden. Aber sie fesselten mich, rissen mir die Beine auseinander und hielten mich fest, während sie mich abwechselnd vergewaltigten. Wenn du schreist, dann erschießen wir dich auch, sagten die Soldaten.

Ich war im dritten Monat schwanger und verlor mein Kind, weil sie so gewalttätig mit mir umgingen und mich so verletzten. Ich hatte schwere Blutungen. Da war überall Blut auf dem Boden. Von meiner toten Tochter und von mir. Sie ließen mich in diesem Zustand zurück, gefesselt und blutend, und mit meiner toten Tochter im Haus und meinem toten Mann vor dem Haus. So fanden mich meine Nachbarn. Sie kümmerten sich um die Leichname und brachten mich in ein Krankenhaus in der Nähe. Da wurde ich operiert, aber es lief nicht so gut.

Ich blieb einige Monate dort, aber weil ich Unterleibsverletzungen hatte, brachten sie mich in das Panzi-Krankenhaus, wo sie bessere Möglichkeiten hatten, mir zu helfen.«

Makondampovi Nsabi ist eine ziemlich hoch gewachsene Frau. Als sie erzählt, zeigt sie mit ihren langen Armen, wie die Soldaten ihren Körper hochrissen und sie fesselten, als sie sie vergewaltigten und folterten, und dann zeigt sie auf ihren Unterleib und berichtet, dass sie dort immer noch Schmerzen hat. Aber vielleicht tut es am meisten in der Seele weh. Im Panzi-Krankenhaus bekommt sie Hilfe, nicht nur physisch, sondern auch psychisch.

»Es ist jetzt zwei Jahre her, dass das passiert ist. In dieser Zeit habe ich mich so furchtbar elend gefühlt. Manchmal hat mein ganzer Körper sich geschüttelt und gezittert. Der Schrecken wollte mich einfach nicht loslassen. Jetzt ist es schon besser geworden. Aber noch ist meine Behandlung nicht zu Ende. Ich werde noch mal operiert. Und wenn das hier geschafft ist, dann werde ich wieder in das Dorf zurückkehren.«

Makondampovi Nsabi und ihr Mann hatten es eigentlich ganz gut. Sie besaßen Kühe und Ziegen, und auch Ackerland, sie bauten Kaffee und Bananen an. Um ihr Eigentum kümmert sich nun die Familie des Mannes. Das Einzige, das der Witwe geblieben ist, ist das Haus, in dem sie einst gewohnt haben.

»Dort ziehe ich wieder hin, zusammen mit der 9-jährigen Tochter eines Bruders, die bei mir wohnen wird, damit ich nicht mehr immer allein sein muss. Denn damit komme ich nicht klar. Die Familie meines Mannes hat mich verstoßen, aber meine eigene Familie hilft mir. Sie kommen und holen mich hier im Krankenhaus ab, wenn meine Behandlung zu Ende ist, und sie haben versprochen, mir zu helfen bei der Rückkehr.«

Wovon sie dann leben wird, darüber reden wir nicht. Vielleicht bekommt sie Unterstützung von ihrer Familie. Vielleicht kann sie ein Stück Land erwerben, das sie gemeinsam mit ihrer Nichte bearbeiten und bepflanzen kann. Wenn es um die Zukunft der vergewaltigten Frauen geht, dann sind immer noch sehr viele Fragen offen.

Aber Makondampovi Nsabi ist entschlossen; sie wird in ihr Dorf zurückkehren, zurück in ihr Haus. Es wird sich alles finden, wenn ihre Behandlung im Panzi-Krankenhaus erst einmal abgeschlossen ist.

NKENGUE NDOMBELE, 37 JAHRE

Zweifaches Opfer – vergewaltigt und HIV-infiziert

Nkengue Ndombele kauert sich zusammen, als sie erzählt, so als ob sie Schutz sucht. Aber sie wurde bereits von einem schweren Schicksal getroffen – sie ist eine vergewaltigte Frau, die zudem von ihren Vergewaltigern mit HIV infiziert worden ist. Sie hat sieben Kinder aber keinen Mann, keine Brüder, die sie beschützen.

»Es war vor drei Jahren. Die Kinder waren klein, das älteste gerade mal zehn Jahre. Mitten in der Nacht brachen sie die Tür zu unserem Haus in Bunyakiri gewaltsam auf. Uns war sofort klar, dass es Interahamwe waren, weil sie sich in den Wäldern rund um unser Dorf aufhielten. Mein Mann schaffte es, zu fliehen, aber wir anderen nicht. Die Soldaten drangen ein. Dort, in meinem eigenen Heim, vergewaltigten sie mich, vor meinen Kindern. Sie verletzten mich.

Ich hatte zwei erwachsene Brüder, die in dieser Nacht im Stockwerk über uns schliefen. Sie haben beide erschossen. Töteten sie. Jetzt habe ich keine Brüder mehr.

Danach konnte ich nicht mehr länger im Dorf bleiben. Mir ging es sehr schlecht, und ich hatte niemanden, der sich um mich kümmerte. Ich verließ Bunyakiri und ging mit meinen Kindern nach Bukavu. Ich hatte davon gehört, dass man sich im Panzi-Krankenhaus um vergewaltigte Frauen kümmern würde. Nachdem ich dort angekommen war, machte man einen Test, und dabei entdeckte man, dass ich HIV-infiziert war.«

Sie senkt ihren Blick, so als ob dies die größte Schande wäre – HIV-infiziert zu sein. Der Grund ihres Ausgestoßenseins ist ein doppelter. Zuerst vergewaltigt. Dann mit dieser Krankheit angesteckt.

Im Krankenhaus wurde sie drei Mal am Unterleib operiert, aber sie geht nicht auf Einzelheiten ein, was die Ursache dafür war, auf welche Weise sie verletzt wurde. Stellt nur fest, dass sie hier Hilfe bekommen hat. Und Hilfe bekommt – unter anderem Inhibitor Medikamente gegen die HIV-Infektion.

Ich frage nach ihrem Mann, nach ihm, der dieser verhängnisvollen Nacht entkommen konnte, als ihr Heim zu einem Schlachtfeld wurde.

»Als man ihm erzählte, dass ich vergewaltigt worden war, wollte er nichts mehr mit mir zu tun haben. Das hat er gesagt, nicht zu mir, aber zu anderen. Seitdem das passiert ist, haben wir uns nicht mehr gesehen, und jetzt habe ich gehört, dass er dort, wohin er gegangen ist, getötet worden sein soll. Aber genau weiß ich es nicht. Ich weiß nicht, ob er lebt oder ob er tot ist.

Hier in Bukavu wohne ich mit meinen Kindern bei Bekannten. Zwei der Kinder gehen zur Schule. Es ist schwer, die Mittel für das Schulgeld zusammenzubekommen.«

Als wir uns verabschieden, sieht es so aus, als ob Nkengue Ndombele versucht, sich in ihrem Umhangtuch wohnlich einzurichten. Vielleicht friert sie. Vielleicht will sie mit ihren Gedanken einfach auch nur in Ruhe gelassen werden.

LUNFUANKENDA MBANGUI, 60 JAHRE

Sie sah mit an, wie ihre Familie in der Kirche ermordet wurde

Acht Kinder hat sie geboren. Drei sind gestorben. So wie ihr Mann, der Pastor in einer protestantischen Kirche war. Sie ist eines von vielen Beispielen dafür, dass nicht nur junge Frauen von Vergewaltigungen betroffen sind. Lunfuankenda Mbangui ist 60 Jahre alt, und das, was sie erzählt, liegt nur ein paar Jahre zurück.

»Wir hatten uns zum Gottesdienst versammelt. Die Kirche war voller Leute. Plötzlich schlug die Tür auf, und acht bewaffnete Soldaten der Interahamwe kamen herein. Alle in der Kirche bekamen natürlich große Angst. Ein Teil zitterte vor Schreck.

Die Soldaten fragten, wer der Pastor der Kirche sei. Mein Mann gab sich daraufhin zu erkennen. Sie erschossen ihn sofort, ohne zu zögern, und er fiel tot um.

Die Leute flohen in Panik aus der Kirche. Ich blieb wie versteinert zurück, ich konnte meinen Mann nicht tot auf dem Fußboden zurücklassen. Zwei unserer Söhne waren auch dabei. Sie spielten die Trommeln und saßen vorne in der Kirche. Die Soldaten sagten, dass sie sitzen bleiben könnten, sie bräuchten nicht zu fliehen. Aber dann erschossen sie auch die Jungen.

Verschwinde, sonst erschießen wir dich auch, schrieen die Soldaten mich an. Aber ich konnte nicht. Nun lagen mein Mann und zwei meiner Söhne tot in der Kirche. Wie hätte ich da wie die anderen davonlaufen können?

*Da packten mich die Soldaten und schleppten mich nach drau-
ßen, obwohl ich Widerstand leistete. Ich konnte nur noch einen letzten Blick auf meine Lieben werfen, die dort lagen, tot.*

*Das ganze Dorf war menschenleer, als mich die Soldaten zwan-
gen, mit ihnen in den Wald zu gehen. Alle waren geflohen.*«

Lunfuankenda Mbangui wurde, trotz ihres Alters, die Sexsklavin der Soldaten. Sie fesselten sie zwar nicht, bewachten sie aber
ständig. Und in regelmäßigen Abständen kamen sie und entleer-
ten sich in ihr, wie sie es beschreibt. Sechs Monate lang war sie
gezwungen, mit ihnen im Wald zu leben.

*»Sie hatten kein Haus, nur Plastikplanen, die sie schützten. Wenn
es regnete, war es nass und kalt. Nach ein paar Monaten versuchte
ich zu fliehen, aber sie fingen mich wieder ein.*

*Ich musste viel an meinen
Mann und meine beiden Söhne
denken, die ich tot in der Kirche
zurücklassen musste. Die Erinnerung daran machte mir sehr
zu schaffen.*

*Nach einem halben Jahr gerie-
ten die Soldaten, die mich gefangen genommen hatten, miteinander in Streit. Daraus wurde eine
Schießerei. In dem Durcheinander, das entstand, konnte ich
mich in den Wald schleichen und
mich dort verstecken. Drei Tage
lang hielt ich mich versteckt, ehe
ich versuchte, weiterzukommen.*

*Dann habe ich einen Jäger
gesehen, der im Wald unterwegs
war. Erst war er ängstlich, als
ich ihn anrief. Aber dann blieb er
stehen und hörte sich meine Ge-*

Während meiner Besuche
in Konfliktgebieten auf der
ganzen Welt habe ich mit
Frauen gesprochen, die
furchtbaren Formen der Gewalt ausgesetzt waren. Niemals werde ich ihr Leiden
vergessen – aber gleichzeitig
wurde ich auch immer von
ihrem Mut inspiriert. Diese
Mütter, Schwestern, Töchter
und Freundinnen haben
sich dazu entschlossen, ihr
Leben neu zu erobern.

UN-Generalsekretär Ban Ki-
Moon, als er im Februar 2008
eine Kampagne startete,
mit dem Ziel, die Gewalt
gegen Frauen zu beenden

schichte an, und er war bereit, mir zu helfen. Er nahm mich mit zu seiner Familie, seine Frau war ganz besonders freundlich zu mir; ich bekam zu essen und ein Bett, in dem ich schlafen konnte. Es war wunderbar.

Ich konnte mir nicht vorstellen, in mein Heimatdorf zurückzukehren, in dem mein Mann und meine Söhne getötet worden waren, sondern ich ging weiter nach Bukavu, wo ich eine Pastorenfamilie kannte. Es waren unsere Freunde. Ich brauchte drei Tage, um dorthin zu kommen.

Ein paar Wochen lang blieb ich bei dieser Pastorenfamilie, und sie halfen mir auch dabei, zum Panzi-Krankenhaus zu kommen. Weil ich schwere Verletzungen am Unterleib hatte, wurde ich ein paar Mal operiert. Jetzt ist meine Behandlung beendet, und ich bin gesund.«

Lunfuankenda Mbanguis Unglück ist groß. Aber auch ihr Glück ist es. Das betont sie gerne. Trotz allem ist es ihr gut ergangen. Die Erinnerungen quälen sie, aber die Zukunft sieht hoffnungsvoll aus, meint sie.

»Die Gemeinde hat sich um unsere überlebenden Kinder gekümmert, als ich verschwunden war. Als sie hörten, dass ich nach Bukavu gekommen war, schickten sie die Kinder auch hierher, sodass sie jetzt bei mir sind. Das älteste ist 25 Jahre, das jüngste 18 Jahre alt. Alle studieren. Gemeinsam haben wir ein Haus gemietet. Und ich habe Arbeit gefunden. Ich kann gut nähen. Jetzt bringe ich Frauen das Nähen bei, sodass sie sich zukünftig selbst versorgen können.«

MANKENDA TOMAKUENDA, 28 JAHRE

Die Vergewaltiger rächten sich an ihr, weil sie anderen Opfern half

Mankenda Tomakuenda ist erst 28 Jahre alt, aber sie sieht älter aus. Sie ist Mutter von sechs Kindern. Sie wurde vergewaltigt und von ihrem Mann verlassen. Damit teilt sie das schwere Lebensschicksal von sehr vielen kongolesischen Frauen. Und dennoch ist ihr Schicksal, wie das Schicksal aller anderen vergewaltigten, misshandelten und verstoßenen Frauen, einzigartig.

»Das war bereits vor einigen Jahren. Wir waren drei Frauen und auf dem Weg zum Markt, um zu verkaufen und zu kaufen. Unterwegs tauchte ein Trupp bewaffneter Soldaten auf, die Kinyarwanda sprachen. Sie wussten ganz genau, was sie wollten. Sie zwangen uns auf den Boden, drückten unsere Beine auseinander und vergewaltigten uns, einer nach dem anderen. Es war furchtbar.

Danach verschwanden sie einfach und ließen uns auf dem Weg zurück. Zuerst wussten wir gar nicht, was wir machen sollten. Aber dann entschlossen wir uns, unseren Ehemännern nichts davon zu erzählen – wir waren alle drei verheiratet.

Nach einer Weile wurde klar, dass eine der beiden anderen Frauen durch die Vergewaltigung schwanger geworden war. Da erzählte sie ihrem Mann, was geschehen war, da ihm sowieso nach und nach klar werden würde, dass es nicht sein Kind war. Und ihr Mann erzählte meinem Mann von der Vergewaltigung, dass die Feinde mit ihren Frauen geschlafen hatten.

Als mein Mann an diesem Abend nach Hause kam, war er rasend vor Wut auf mich. Pack deine Sachen und hau ab, sagte er. Vielleicht hast du mich ja mit einer Krankheit angesteckt. Vielleicht habe ich Aids bekommen. Hau bloß ab, sagte er.

Ich bat um Vergebung für das, was geschehen war. Ich habe wirklich versucht, ihm zu erklären, wie es dazu gekommen war, und dass wir als Vergewaltigte nichts dafür konnten. Ich bat und bettelte, bleiben zu dürfen. Wohin sollte ich denn gehen? Aber er war furchtbar böse, nicht zuletzt deshalb, weil ich verschwiegen hatte, was passiert war, und deshalb war er jetzt vielleicht sogar infiziert. Und er wusste ja, wie unsere Nachbarn reagieren würden, wie sie mit Fingern sowohl auf mich als auch auf meinen Mann zeigen würden, auf den Mann, der seine Ehefrau mit den Interahamwe geteilt hatte.

Aber so wie die Dinge standen, warf er mich nicht einfach raus, sondern brachte mich in das Panzi-Krankenhaus, um mich testen zu lassen. Er war am meisten darüber beunruhigt, dass ich eine Krankheit auf ihn übertragen hatte. Die Tests ergaben, dass ich vollkommen gesund und durch die Vergewaltigung nicht mit HIV infiziert war. Und da nahm er mich wieder als seine Ehefrau auf.«

Nein, Mankenda Tomakuendas Geschichte ist an dieser Stelle leider noch nicht zu Ende. Das wäre, trotz allem, ein glückliches Ende gewesen. Aber die Isolierung vergewaltigter Frauen brachte sie dazu, sich in einer Organisation mit dem Namen Camps (Centre d'Accompagnement Médico-Psycho-Sozial[9]) zu engagieren. Sie half mit, Frauen aufzusuchen, die sexueller Gewalt ausgesetzt waren und sah zu, dass sie Hilfe und Behandlung bekamen.

Ein neuer, schwerer Schlag im Leben von Mankenda Tomakuenda ereignete sich dann im Jahr 2005.

»Die Interahamwe hatten von meiner Arbeit in dieser Organisation gehört, und eines Nachts tauchten acht Soldaten in unserem Haus auf. Sie waren ziemlich verärgert. Wir wissen genau, was du

---

[9]   Medizinisch-psycho-soziales Hilfszentrum.

tust, sagten sie zu mir. Wir töten dich, wenn du nicht damit auf-
hörst. Dann sagten sie zu meinem Mann, er solle die Lampe halten,
während sie mich vergewaltigten. Mein Mann flehte mich an, ja
keinen Widerstand zu leisten, denn ihm wurde klar, dass sie mich
dann einfach töten würden. Und ihn vielleicht auch. Und auch die
Kinder, die gezwungen wurden, mit anzusehen, was da in unserem
Haus geschah.

Als sie damit fertig waren, nahmen sie meinen Mann und meine
Kinder mit nach draußen und verrammelten die Tür von außen,
sodass ich nicht mehr raus konnte. Dann steckten sie das Haus in
Brand. Rauch drang ein, Flammen schlugen hoch; ich war mir si-
cher, dass meine letzte Stunde gekommen war.

Die Soldaten verließen das Dorf gleich, nachdem sie Feuer gelegt
hatten. Ein Nachbar bemerkte, dass es brannte und kam meinem
Mann zu Hilfe. Es gelang ihnen, die Tür aufzubrechen und mich
aus dem brennenden Haus zu ziehen. Das war im letzten Moment,
denn es begann bereits einzustürzen.«

Die Ereignisse hinterließen nicht nur im Inneren Mankenda Tomakuendas ihre Spuren. Sie hat eine tiefe Narbe auf ihrem rechten Oberarm. Es sieht so aus, als hätte dort jemand ein Stück
Fleisch herausgeschnitten. Sie sagt nichts darüber, vielleicht,
weil sie nicht daran denkt, aber die Narbe ist eine schmerzhafte
Erinnerung an die Minuten, in denen sie fast in einem zusam-
menstürzenden Haus verbrannt wäre. So viel darf ich wissen.

»Ich wurde in ein lokales Gesundheitszentrum gebracht. Von dort
schickten sie mich weiter in das Panzi-Krankenhaus, wo ich bis jetzt
schon drei Mal operiert wurde.

Meine Kinder und ich wohnen jetzt in einem kleinen Haus, in
der Nähe des Krankenhauses. Mein Mann ist weggefahren, um tief
in den Wäldern Mineralien zu suchen. Er blieb monatelang fort.
Ich hatte seine Adresse und habe ihm geschrieben, dass wir Geld
benötigen. Darauf antwortete er nur, dass er seine Frau nicht mit
den Interahamwe teilen will. Darum blieb ich dann ganz allein mit
den Kindern.

Aber nach einer Weile kam er trotzdem heim. Da bekam ich den Rat, ihn zu bitten, sich auf HIV testen zu lassen. Er hatte offenbar mit einer anderen Frau dort in den Wäldern zusammengelebt. Er hörte wirklich auf mich und ließ sich testen. Er war nicht infiziert. So nahmen wir unser gemeinsames Leben wieder auf. Aber auch, wenn wir miteinander schliefen, konnte er sagen, dass er es nicht mag, seine Frau mit den Interahamwe zu teilen.«

Später wurde Mankenda Tomakuenda erneut von ihrem Mann verlassen. Da war sie schwanger. Als wir uns treffen, ist es vier Monate her, dass sie Zwillinge geboren hat. Kinder ihres Mannes. Aber er ist fort. Dieses Mal, so glaubt sie, ist es für immer. Sie weiß nicht, wo er sich heute aufhält.

»Ich habe keine Hoffnung mehr, dass wir je wieder zusammenkommen. Ich beginne mich darauf einzustellen, allein mit meinen sechs Kindern zu leben.«

LUKEBA MBITUAVOVA, 33 JAHRE

Der Zukunftstraum ist eine Schneiderwerkstatt in Bukavu

Die erste Gruppenvergewaltigung wurde von acht Soldaten in Uniform, vor den Augen ihres Mannes und ihres 12-jährigen Sohnes verübt. Dabei verlor sie das Kind, das unter ihrem Herzen wuchs. Bei der zweiten schlachteten die drei Täter ihren Onkel, den Bruder ihrer Mutter, ab, der seiner Nichte bei der Arbeit auf dem Feld Gesellschaft leistete.

Abschlachten, das ist ihr eigenes Wort.

Als ich Lukeba Mbituavovas Geschichte zuhöre, ist es mir unbegreiflich, dass ich erst neulich ihr perlendes Lachen gehört und die glitzernde Lebenslust in den Augen dieser jungen Frau gesehen habe.

Sobald Lukeba erzählt, sind ihre Augen schwarz vor Kummer und Schmerz. Etwas anderes ist gar nicht möglich. Sie ist eine von all den Frauen des Kongo, die zum Schlachtfeld in einem Krieg geworden sind, in dem die Menschenrechte nicht einmal scherzhaft erwähnt werden, nur eine unbekannte Phrase auf Papier sind, die hohe Herren in Anzug und Krawatte einmal unterschrieben haben, irgendwo.

In Lukebas Heimatdorf Bunyakiri, 80 Kilometer von Bukavu entfernt, bedeuten all diese Übereinkommen und Zusicherungen, die die politischen Führer unterzeichnet haben, in der Praxis absolut nichts. So ist es auch in den anderen Dörfern, in diesem östlichen Teil des Kongo, in dem der Wert eines Menschenlebens dramatisch im Wert sinkt, in einem Krieg, der geführt wurde und geführt wird, von unter Drogen stehenden Kindersoldaten, jungen Männern ohne Hoffnung auf Zukunft, einfallenden Armeen und staatlichen, unbezahlten oder unterbezahlten Soldaten, in einem unbeschreiblichen Durcheinander. Dort leben Menschen mit einem Krieg, der ein erstaunliches Potential besitzt, Friedensvereinbarungen zu überleben, und der Jahr für Jahr auf einer erschreckend niedrigen Stufe seine Fortsetzung findet, wobei die Milizgruppen versuchen, sich auch noch gegenseitig an barbarischer Grausamkeit zu übertreffen.

In dieser Situation, die niemand kontrolliert und in der alle Normen in den Mühlen der Gewalt zerrieben werden, ist ein Menschenleben nicht mehr wert als ein Haufen Hundekot. Und ganz unten auf der Werteskala stehen die Frauen. Sie haben immer den größten Anlass, sich zu fürchten, wenn irgendeine der Milizgruppen auftaucht und Schrecken, Tod und Verwüstung um sich herum verbreitet.

Lukeba weiß das. Lukeba hat es mit eigenen Augen gesehen. Sie ist dort gewesen. Deshalb wird ihr Blick zu einem tiefen Brunnen schweren Kummers, wenn sie erzählt. Das tut weh, aber sie erzählt, denn sie will, dass die Welt weiß, was im Osten des Kongo geschieht, und sie will, dass dieses Leiden zu Ende geht, damit die Frauen des Kongo wieder wie Menschen leben können. Sie will, dass es zum Frieden im Land kommt, dass die umherziehenden Milizen aus den Wäldern rund um Bunyakiri verschwinden, dass die Kinder wieder ohne Angst draußen vor dem Haus spielen können, dass die Frauen wieder hinaus auf die Felder gehen können, um zu arbeiten, ohne Furcht davor, vergewaltigt zu werden, und dass es Essen auf den Tischen gibt und Frieden in den Häusern und Freude in den Dörfern. Dann vielleicht kann sie sich vorstellen, aus Bukavu zurückzukehren, wo sie Zuflucht gefunden hat, mit ihrem Mann Denis, dem Sohn Aime und seinem kleinen Bruder Aishi.

Aber jetzt greife ich den Ereignissen vorweg. Also, Lukeba erzählt von jenem Tag, der ihr Leben und das ihrer Familie vollkommen verändern sollte.

»Wir waren alle drei zuhause, als plötzlich wie aus dem Nichts Männer auftauchten. Es waren sieben oder acht bewaffnete Interahamwesoldaten in Uniform. Mein Mann konnte nichts tun. Sie schleppten uns aus dem Haus und banden meinen Mann an einen Baum, und dann zwangen sie mich auf den Boden hinunter. Sie kümmerten sich nicht darum, dass ich hochschwanger war – ich erwartete unser zweites Kind – sondern rissen mir die Kleider vom Leib und fielen über mich her. Sie vergewaltigten mich ein ums andere Mal, solange bis ich bewusstlos wurde. Und alles vor den Augen meines Mannes.

Als ich wieder zu mir kam, sah ich auf dem Boden zwischen meinen Beinen Blut, und da lag mein Kind. Ich hatte das Geschenk, auf das wir solange gewartet hatten, verloren. Es war furchtbar.«

Lukebas Eltern und Geschwister waren im Krieg getötet worden. Ihre einzige Stütze im Leben war ihr Mann, den sie heiratete, als sie 19 war. Auf ihr Leben hatte sich nun eine neue Last gelegt: die Schande, vergewaltigt worden zu sein. Diese Erniedrigung, die fest am Opfer kleben bleibt, während der Täter frei ausgeht. Diese Schuldenlast, die von der Tradition auf die Schultern des Unschuldigen gelegt wird.

Nach dem Übergriff in ihrem Heimatdorf war Lukebas Unterleib verletzt. Sie war in erbärmlicher körperlicher Verfassung und fühlte sich psychisch elend. Nach und nach bekam sie die Hilfe, um sich nach Bukavu und in das Panzi-Krankenhaus zu begeben. Es brauchte vier komplizierte Operationen und sechs Monate Zeit, um ihren zerfetzten Unterleib wieder zusammenzusetzen. Erst dann konnte sie in ihr Dorf zurückkehren. Da war sie die überschäumende Freude. Da hoffte sie auf die Zukunft, darauf, wieder ein Kind zu bekommen, weil sie das erste ja verloren hatte.

Aber so kam es nicht.

»Ich war draußen auf dem Feld beim Hacken, an einem sonnigen und warmen Tag, zusammen mit meinem jüngeren Onkel, als sie auftauchten. Drei Männer in Uniform. Sie trugen Waffen. Sie schlugen meinen Onkel zusammen und schlachteten ihn vor meinen Augen ab, schnitten ihn in Stücke. Dann hielten sie mich auf dem Boden fest und vergewaltigten mich, immer wieder. Später, im Krankenhaus, sagte man mir, dass sie mir Messer in den Unterleib gejagt hätten, aber ich kann mich an keine Einzelheiten des Übergriffs erinnern. Nur an den Schrecken und die Schmerzen, und dass alles am Ende schwarz vor meinen Augen wurde.«

Wie lange es gedauert hat, daran kann sie sich nicht erinnern. Wie sie letzten Endes von dort fort kam, davon hat sie kein klares Bild. Es ist, als ob das Grauen die Erinnerungen eingefroren und irgendwo gelagert hat, wo man sie nicht mehr erreichen kann.

Erst nach zwei Monaten war sie wieder kräftig genug, um aus ihrem Dorf in das Krankenhaus in Bukavu zu reisen, von dem sie wusste, dass sie dort Hilfe bekommen würde. Und die bekam sie, auch dieses Mal. Aber dazu bedurfte es erneuter Operationen. Und jetzt stellte sich die Frage, ob ihr Mann sie wieder bei sich haben wollte.

»Ich durfte nach Hause kommen, aber es war nicht mehr so wie vorher, zwischen Denis und mir. Er hatte Angst, dass ich durch die Vergewaltiger mit HIV infiziert sein könnte. Das passiert ja für gewöhnlich. Aber im Krankenhaus hatte man mich getestet, und ich konnte ein Attest vorzeigen, dass ich gesund war. Am Ende ließ sich mein Mann überzeugen. Und nahm mich mit.«

Aber die Hoffnung, doch noch Kinder zu bekommen, war gering. Und dann noch die Vergewaltigung, darüber war sich Lukeba im Klaren, das würde sie für alle Zeiten zeichnen.

»Die afrikanische Frau, die nicht viele Kinder bekommt, ist nicht viel wert. Zuhause in meinem Dorf, war man der Überzeugung, dass ich zwei große Makel hätte. Der eine war, dass ich vergewaltigt

worden war. Der andere, dass ich keine Kinder bekommen konnte.
Und dann konnte ich ja keine schweren Arbeiten mehr verrichten,
so wie früher. Ich schaffte es nicht mehr, das Feld zu beackern und
konnte schwere Lasten nicht mehr richtig tragen.

Zuhause im Dorf lachte man hinterrücks über meinen Mann.
Ach so, du teilst deine Frau mit den Interahamwe, sagten sie. Und
die Sippe meines Mannes bedrängte ihn die ganze Zeit. Sie woll-
ten, dass er mich verlassen und eine andere Frau heiraten sollte,
die hart arbeiten und ihm viele Kinder gebären konnte. Eine, die
keine Schande über die Familie brachte – vergewaltigt zu werden
ist eine Schande, denn man wird vom Feind verunreinigt, und viele
betrachten es als ein Versagen der Frau, dass sie von fremden Män-
nern vergewaltigt wird.

Als wir heirateten, hatte mein Mann ja eine ziemlich hohe Sum-
me für mich bezahlt. Jetzt sagten sie, dass Geld sei zum Fenster her-
ausgeworfen. Ich war nichts mehr wert, wenn ich keine Kinder mehr
bekommen und nicht mehr so wie früher arbeiten konnte.«

Lukeba sucht nach Worten. Wählt sie ganz bewusst aus. Man
merkt, dass sie sich auf heiklem Terrain bewegt, als wir auf die
Beziehung zu ihrem Mann zu sprechen kommen, seiner Familie
und die insgesamt schwierige Situation in ihrem Heimatort.

»Denis war alles, was ich hatte, er und mein Sohn. Meine Eltern
waren tot. Wohin sollte ich gehen, wenn mein Mann mich verstieß?
Immer, wenn ich irgendwo draußen unterwegs war, wurde ich
ganz unruhig. Denn ich wusste, sobald ich außer Hörweite war,
versuchten die Verwandten meines Mannes und andere Leute aus
dem Dorf, ihn zu beeinflussen, damit er mich verlassen und sich
eine neue Ehefrau anschaffen würde. Das wäre das Klügste, was er
tun könnte, meinten sie.

Aber Denis und ich, wir lieben uns, das haben wir getan, seit wir
jung waren. Er wollte bei mir bleiben. Wir hatten in der Kirche ge-
heiratet und versprochen, unser ganzes Leben zusammenzuhalten.
Wie konnte er mich da verlassen? Das sagte er denen, die versuch-
ten, ihn auf andere Gedanken zu bringen.

Wir müssen nach Bukavu ziehen, sagte ich zu meinem Mann. Aber er wollte nicht. Er sagte, dass dort alles Geld kosten würde. Wie sollten wir dort zurecht kommen?«

Aber Lukeba ist willensstark, und es kam so, wie sie es sich gewünscht hatte. Sie verließen Bunyakiri, ein Dorf in einem Gebiet, das sehr unter der Anwesenheit der Milizgruppen leidet. Vor allem die Interahamwe wüten in dieser Gegend. Jetzt haben sie sich ein kleines einfaches Haus gemietet, das sowohl in der Nähe des Panzi-Krankenhauses liegt, in dem Denis eine Arbeit als Hausmeister und Raumpfleger gefunden, und auch nicht weit entfernt von Dorkas, wo Lukeba an drei Tagen pro Woche einen Nähkurs besucht.

»Zum ersten Mal nach vielen Jahren, erleben wir hier Frieden. Hier sind wir sicher. Und niemand schmeißt meinem Mann Schimpfworte hinterher. Unser Sohn geht in die fünfte Klasse, und er kommt in der Schule gut zurecht. Wir sind stolz auf ihn.

Ich verkaufe Fische an einem Stand, so kann ich ein wenig Geld dazuverdienen. Und dann mache ich eine Ausbildung im Nähen. Ich habe schon gelernt, Kinderkleider zu schneidern. Später werde ich noch lernen, Frauenkleider zu schneidern. Wenn ich mit der Schneiderausbildung fertig bin, will ich eine kleine Schneiderei hier in der Straße eröffnen, in der ich die Bestellungen der Leute annehmen und die Kleider nähen kann, die sie sich wünschen. Das, was ich in Dorkas lerne, werde ich dann auch meinem Mann beibringen. Dann kann er mir auch helfen, wenn ich meine Schneiderei eröffne. Zusammen können wir eine kleine Firma betreiben.«

Und dann kommt das Lachen wieder. Dieses perlende Lachen, so voller Hoffnung, wie die Morgendämmerung nach einer dunklen Nacht, leuchtend wie ein Sonnenaufgang über dem Kivu-See.

Ich gehe mit in das Heim von Lukeba und Denis. Das Haus hat einen Betonfußboden und Wände aus Steinen. Es ist stabil, aber es gibt dort kaum Möbel. Nur einige Kissen, auf denen man sitzen kann, und auch schlafen, vermute ich, denn ich sehe nirgendwo ein Bett.

»Hier ist es ruhig, und ich hoffe, dass wir die Mittel haben, um weiter hier in dem Haus wohnen zu können. Hier gibt es niemanden, der hinterrücks über meinen Mann lacht oder der mich Frau der Interahamwes nennt.«

Makaya Kiassungua, 48 Jahre

Der Sohn versuchte, sie zu retten – er wurde zu Tode gefoltert

Die Gesichtszüge sind düster; es ist, als ob Sorge und Schmerz tiefe Furchen in die dunkle Haut gegraben haben. Und das ist nicht verwunderlich. Und dann erzählt Makaya Kiassungua aus dem Dorf Nzimbira, und sie tut dies in ihrer Sprache Maschi, der einzigen Sprache, die sie kennt.

»*Es war am Tag, bevor wir mit unserem Brautgeschenk zur Familie unseres zukünftigen Schwiegersohns gehen wollten. Wir hatten eine Kuh gekauft, die sie bekommen sollten. Plötzlich standen sechs Soldaten vor unserem Haus. Wir hatten die Tür verschlossen, aber zwei von ihnen verschafften sich gewaltsam Einlass, während die anderen vier draußen warteten.*

Sie verlangten die Kuh, die unser Brautgeschenk sein sollte, und unsere Ziegen. Wir konnten sie nicht daran hindern, sie zu stehlen. Die Soldaten suchten nach Geld und stahlen auch andere Sachen, zum Beispiel einen Behälter mit Speiseöl. Sie gaben uns den Befehl, mitzukommen, mein Mann sollte die Beute tragen.

Unsere Kinder waren zu einigen Nachbarn rübergerannt. Und zum Glück war das genau richtig gewesen. Denn diese Menschen zündeten unser Haus an und brannten es nieder.

Aber unser Sohn, er war 20 Jahre alt, hatte einen Teil des Geldes an einem sicheren Ort verwahrt. Als er sah, was passierte, nahm er das Geld und lief zu den Soldaten und bot an, zu bezahlen, damit seine Eltern frei sein würden. Er versuchte, uns loszukaufen.

Da rasteten die Soldaten vollständig aus. Gib dein Geld her, das nehmen wir, sagten sie, aber du wirst dafür bestraft werden, weil du versucht hast, das Geld zu verstecken und uns hereinzulegen. Und dann zwangen sie ihn, in ihr Lager mitzukommen, zu dem wir unterwegs waren. Dort sagten sie ihm, er solle seine Hände vorstrecken, dann packten sie ihn und schnitten ihm mit einem Messer die Finger ab. Nicht alle auf einmal, einen nach dem anderen, jeden Finger an beiden Händen. Das Blut floss, und er schrie vor Schmerzen.

Nachdem sie damit fertig waren, hob er seine Hände in den Himmel und rief: Ich sterbe, ich sterbe. Er hatte furchtbare Schmerzen und hob seine Hände über den Kopf, da schlitzten sie seinen Bauch auf; er brach zusammen und verblutete und starb vor unseren Augen.«

Makaya Kiassungua kann nicht verhindern, dass ihr die Tränen kommen, als sie sich daran erinnert. Sie trocknet sie und setzt ihre Geschichte mit leiser Stimme fort – es ist, als ob die Grausamkeit des Lebens einen Dämpfer auf die Stimmbänder gelegt hätte.

»Sie ließen den Körper unseres Sohnes dort liegen und machten sich daran, die Kuh zu schlachten und zu häuten. Ihr werdet jetzt die Kuhhaut aufessen, sagten sie zu mir und meinem Mann. Ihr werdet sie roh essen.

Das geht nicht, antworteten wir, man kann eine rohe Kuhhaut nicht kauen und schlucken. Ihr esst das jetzt, sonst werden wir euch zwingen, euren Sohn zu essen, den wir geschlachtet haben, antworteten die Soldaten. Und so wurden wir gezwungen, zu versuchen, die Kuhhaut Bissen für Bissen zu kauen. Das war schwer. Der Mund war immer voller Kuhhaare.

Sie schlugen uns die ganze Zeit über und erniedrigten uns auf die furchtbarste Art und Weise. Nach einer Weile zwangen sie meinen Mann dazu, mir die Beine auseinander zu halten, während sie mich vergewaltigten, alle sechs, einer nach dem anderen.

Als sie damit fertig waren, fesselten sie mich und meinen Mann an Händen und Füßen, und dann machten sie sich daran zu feiern.

Sie bereiteten das Fleisch von der Kuh zu und aßen es und tranken dazu Bier und lachten und grölten. Es war ein gewaltiges Fest.

Heute feiern wir, morgen werdet ihr sterben, sagten sie zu uns.

Nach und nach waren die Soldaten dann so betrunken, dass sie über- und untereinander einschliefen. Mein Mann und ich wollten die Nacht dazu nutzen, um uns auf unseren Tod vorzubereiten. Wir baten einander um Vergebung, wenn wir den anderen auf die eine oder andere Art und Weise verletzt hatten, und wir baten Gott um Vergebung.

Plötzlich bemerkte ich, dass der Strick um meine Handgelenke sich gelockert hatte. Vorsichtig konnte ich erst mich und dann meinen Mann befreien. Wir schlichen uns vor den Soldaten davon. Die schliefen so fest von all dem Essen und all dem Bier, dass sie nichts bemerkten.

Die ganze Nacht gingen wir durch den Wald, obwohl wir wegen der Misshandlungen zitterten und sehr müde waren. Als die Morgendämmerung kam, wussten wir nicht, wo wir uns befanden. Da sahen wir einen Mann, der auf dem Weg zum Wald über eine Lichtung ging. Er trug ein Gewehr und hatte drei Hunde in seiner Gesellschaft, und wir erkannten, dass er auf dem Weg zur Jagd war.

Wir riefen ihn an. Zunächst hatte er Angst, und es sah aus, als ob er daran dächte, fortzulaufen – mein Mann und ich kamen nackt aus dem Wald, denn die Soldaten hatten uns unsere Kleider weggenommen.

»Bleiben Sie stehen, helfen Sie uns, wir sind gerade dem sicheren Tod entkommen«, riefen wir. Da blieb er stehen und wir konnten ihm erzählen, was passiert war. Dann gab er mir ein Tuch, in das ich mich einwickeln konnte, und mein Mann bekam die Jacke des Jägers. Der freundliche Mann brach seinen Jagdausflug ab und nahm uns mit zu seiner Familie, die in der Nähe wohnte. Sie hörten sich unsere Geschichte an, sie gaben uns Kleidung und wir konnten uns waschen, und dann transportierten sie uns in das Panzi-Krankenhaus in Bukavu. Dort bekamen ich und mein Mann jede Hilfe, die wir brauchten.«

Das alles ereignete sich Anfang Oktober 2008. Es waren erst ein paar Wochen vergangen, als Makaya Kiassungua mir ihre Geschichte erzählt. Sie ist dankbar für das, was das Krankenhaus für sie und ihren Mann getan hat. Für die freundliche Aufnahme, für die Medikamente, die sie bekommen hat, um schwere Infektionen zu verhindern. Ob sie operiert werden muss, weiß sie noch nicht.

Die jüngeren Kinder sind bei Verwandten daheim im Dorf. Die Tochter, deren Brautgeschenk die Soldaten gestohlen haben, war bereits rechtzeitig in das Haus ihres zukünftigen Mannes gezogen und entging damit einem furchtbaren Schicksal. Aber der erwachsene Sohn ist tot. Und das Haus ist nur noch Asche. Vielleicht ist die Zukunft das auch. Oder vielleicht gibt es doch noch eine Hoffnung irgendwo, irgendwann, sie weiß es nicht.

> Die sexuelle Gewalt ist im Kongo schlimmer als sonst irgendwo auf dieser Welt. Die Zahlen, die Brutalität, die Straffreiheit – es ist furchtbar.
>
> John Holmes, Leiter der UNO für humanitäre Fragen, zitiert in der *New York Times*, 7. Oktober 2007

»Mein Mann hat Rückenschmerzen, er wurde verletzt, und wir wissen nicht, wie es mit ihm weitergehen wird. Ich kann mir absolut nicht vorstellen, in das Dorf zurückzukehren und das Haus wieder aufzubauen. Nicht nach dem, was passiert ist, nicht nach dieser Erniedrigung. So weiß ich nicht, was in der Zukunft geschehen wird, ich bin einfach nur dankbar, dass uns gute Menschen bis heute geholfen haben.«

DIATEZO DAVIDE, 15 JAHRE

»Ich bin kein richtiger Mensch mehr«

Sie ist klein und zart, nicht älter als 15 Jahre. Sie hält eine Strickarbeit in den Händen, als ich zum Interview komme, als ob sie zeigen wollte, dass sie trotz allem noch zu etwas nütze ist in dieser Welt. Möglicherweise überinterpretiere ich die Strickarbeit. Aber ihre Geschichte kann man nicht überinterpretieren.

Diatezo stammt aus einem großen Ort, der Kalonge heißt. Sie hat sieben Geschwister. Der Vater ist tot, die Mutter ist alt und schafft es einfach nicht mehr.

Das, was Diatezo erzählt, ereignete sich bereits vor zwei Jahren.

»Zusammen mit sechs erwachsenen Frauen hatte ich auf dem Feld gearbeitet. Als wir dann auf dem Weg zum Markt waren, um den Maniok zu verkaufen, den wir geerntet hatten, standen wir plötzlich vor acht Soldaten, die Kinyarwanda sprachen. Sie waren mit Gewehren und Messern bewaffnet. Sie waren unverschämt und bedrohten uns.

Ihr seid ja nur ganz beschissene Kongolesen, mit euch machen wir, was wir wollen, sagten sie. Dann rissen sie uns allen die Kleider vom Leib und fingen an, uns zu vergewaltigen, eine nach der anderen. Mitten auf dem Weg.

Danach brachten sie uns in ihr Lager im Wald. Da waren sicher 150 Soldaten. Dort hatten sie Planen aufgehängt, sodass es wie eine kleine Zeltstadt aussah.

Mich und die anderen Frauen fesselten sie an Händen und Fü-
ßen. Die Stricke scheuerten, ich hatte Wunden an den Armen. In
regelmäßigen Abständen kamen die Soldaten und vergewaltigten
mich. Wann immer sie wollten, wann immer sie Lust dazu hatten.
Ich war ihre Sklavin, sie konnten mich zu allem zwingen.
Nach einer Weile merkte ich, dass ich schwanger war. Eines Ta-
ges zogen sie ein Messer und stachen mir damit in den Unterleib.
Ich glaubte, sie wollten mich töten. Ich überlebte, aber das Kind
starb natürlich und kam heraus. Ich hatte schwere Blutungen. Es
tat höllisch weh, ich dachte nicht, dass ich das überleben würde.«

Aber Diatezo überlebte. Ein Jahr lang lebte sie als Sexsklavin im
Lager der Soldaten. Beinahe die ganze Zeit über war sie gefesselt.
Jederzeit konnte jemand auftauchen und sich an ihr vergreifen.
Das Essen war schlecht. Manchmal regnete es gewaltig. Die Um-
stände waren kurz gesagt unmenschlich. Und das, was Diatezo
an Gewalt und Grausamkeit in diesem Jahr im Lager zu sehen
bekam, trotzt aller Beschreibung. Sie muss sich ein Taschentuch
vom Übersetzer leihen, als sie versucht, das Leben im Lager zu
schildern. Die Tränen kommen.

»In den Nächten machten sich die Männer auf, um in der Umge-
bung Überfälle durchzuführen. Sie stahlen, was sie wollten in den
Dörfern. Sie zwangen die Leute, ihnen Geld zu bezahlen. Sie verge-
waltigten die Frauen und töteten die Männer. Beinahe jedes Mal,
wenn sie zurückkamen, hatten sie einige Gefangene dabei.
Sie töteten die Männer oft so, dass sie ihnen den Gewehrlauf in
den Mund steckten und dann abdrückten. Danach schnitten sie
ihnen Körperteile ab und versuchten uns zu zwingen, dass rohe
Fleisch zu essen. Manchmal töteten sie auch die Frauen, diejenigen,
die weiterleben sollten, würden sexuelle Dienste verrichten.
Dann hoben sie eine große Grube aus, in die sie die verstüm-
melten Körper warfen und sie dann anzündeten. Das habe ich alles
gesehen und ich hatte furchtbare Angst. Wann würde es mir so er-
gehen?

Zu dieser Zeit bekam ich eine Krankheit an meinen Harnleitern.
Ich konnte kaum laufen. Solche Beschwerden hatte ich. Es fühlte
sich wirklich so an, als würde ich bald sterben. Und ich merkte, dass
die Soldaten darüber diskutieren, was sie mit mir machen sollten.
Ob sie mir das Leben nehmen sollten.«

Als ich Diatezo interviewe, sitze ich mit ihr im Gästehaus des
Panzi-Krankenhauses. Draußen hat der Regen aufgehört und
die Sonne kommt durch. Das Licht findet seinen Weg durch
das Fenster und macht den Raum hell. Wir unterbrechen kurz.
Manchmal ist es notwendig, auszuruhen, wenn die Erinnerungen die Gefühle so belasten, dass es weht tut, richtig weh. Das
Spiel der Sonnenstrahlen da draußen in dem smaragdgrünen,
glänzenden Gras ist nichtsdestoweniger eine Erinnerung daran,
dass das Leben weitergeht, trotz allem. Das ist ein Wunder. Und
dann beginnt Diatezo, von ihrem Wunder zu erzählen, wie es ihr
letzten Endes doch gelang, freizukommen.

»Eines Nachts hatten sie vergessen, mich zu fesseln. Ich schaute in
alle Richtungen, um zu sehen, ob es eine Chance gäbe, zu fliehen. Ich
war krank und schwach, aber ich fühlte, dass ich von dort fort muss-
te. Es konnte jederzeit zu Ende sein, ich musste aus dem Lager weg.
Leise schlich ich mich hinaus in den Wald. Ich war gezwungen,
das sehr vorsichtig zu tun, es gab ja Wachen. Ich lief die ganze Nacht
hindurch, oder besser gesagt, ich stolperte vorwärts. Als der Morgen
anbrach, hatte ich das Gefühl, dass ich keinen einzigen Schritt mehr
machen konnte. Aber mithilfe eines Stocks gelang es mir, weiterzu-
gehen, bis ich ein paar Felder erkennen konnte und Leute, die dort
arbeiteten.
Sie entdeckten mich, als ich aus dem Wald kam. Einige bekamen
Angst und liefen davon – ich sah auch ziemlich gefährlich aus. Aber
andere kamen zu mir gelaufen und fragten, wer ich sei. Sie sahen,
dass ich verletzt war. Ich konnte nichts zurückhalten, Urin und
Stuhl flossen unkontrolliert aus meinem Körper, sodass ich nass
war und stank.
Diese Menschen brachten mich in ihr Dorf, dort konnte ich mich

waschen und bekam etwas saubere Kleidung. Dann begleiteten sie mich nach Hause zu meiner Familie, denn meine Angehörigen wohnten nicht weit entfernt.«

Heimzukommen und von Rebellen vergewaltigt worden zu sein, ist beileibe keine triumphale Rückkehr in die Idylle. Diatezo erzählt, wie die Leute sie ausgelacht und als Frau des Feindes bezeichnet haben. Diatezos Mutter war so alt und schwach, dass sie ihrer Tochter nicht besonders viel an Hilfe bieten konnte. Ein Teil der Dorfbewohner war der Meinung, dass sie gar keine Hilfe bräuchte, sie würde ohnehin sterben. Aber ein paar freundliche Mitmenschen sahen zu, dass sie in ein regionales Krankenhaus kam und von dort weiter in das Panzi-Krankenhaus in Bukavu.

»Hier wurde ich sehr gut aufgenommen. Sie haben mich jetzt operiert, sodass ich Blase und Darm wieder kontrollieren kann. Mir geht es schon viel besser. Aber mit den zwei Operationen, die die Ärzte durchgeführt haben, ist es noch nicht getan. Ich werde noch ein paar Mal operiert, haben sie mir gesagt.«

Und danach? Was geschieht, wenn Diatezos Behandlung beendet ist und sie das Krankenhaus verlässt?

»Das weiß ich nicht. Ich bin ja jetzt kein richtiger Mensch mehr. Keine richtige Frau. Wer will mich da schon heiraten? Sicher denke ich von Zeit zu Zeit daran, in mein Dorf zurückzukehren. Ich sehe keine andere Lösung. Aber was erwartet mich dort? Man wird mich für das, was ich erlebt habe, verhöhnen.«

Es schneidet einem durch's Herz, einer 15-Jährigen zuzuhören, die es nicht mehr wagt, an ihre eigene Zukunft zu glauben. Aber der Pessimismus ist nicht schwer zu verstehen. Doch noch hat sie sich nicht ganz aufgegeben. Sie hat mit einem Alphabetisierungskurs im Frauenzentrum Dorkas begonnen. Die Frage ist nur: Wenn Diatezo die Buchstaben gelernt hat und dann beginnt, sie zu Wörtern zusammenzustellen – was wird sie dann im Buch der Zukunft lesen können? Es ist noch zu früh, darauf eine Antwort zu geben. Alles ist noch unsicher. Aber man kann hoffen. Man kann immer hoffen. Diatezo tut das, trotz allem.

WAYENDAVITI NSANDA, 18 JAHRE

Sie war eine Sexsklavin im Lager der Soldaten

Wir treffen uns in Dorkas, wo sie einen Alphabetisierungs-kurs leitet. Wayendaviti Nsanda ist 18 Jahre. Sie trägt ihren Sohn Maombi bei sich, der zwei Jahre alt ist. Und sie trägt die Erinnerung mit sich, die in krassem Kontrast zu der Umgebung dieses Frauenzentrums steht, in dem man methodisch versucht, die Lebenslust der vergewaltigten Frauen wieder hervorzulocken und etwas aus ihrem Leben zu machen. Dort, an einem schönen Tag, als die Sonne gerade den frühmorgendlichen Regen abgelöst hat, erzählt sie. Die Geschichte begann in einer Nacht vor ungefähr drei Jahren.

»Ich wohnte allein bei meinen Eltern. Meine Schwester war bereits verheiratet, und mein Bruder war verreist. Um ein Uhr in der Nacht wachten wir davon auf, dass fremde Männer vor unserem Haus standen. Soldaten. Es war vielleicht zehn. Sie drangen in das Haus ein und zogen mich aus dem Bett. Meinem Vater sagten sie, dass er mich vergewaltigen sollte. Er weigerte sich. Darauf zogen sie ein Messer und töteten ihn. Sie schlachteten in ab, vor meinen Augen und den Augen meiner Mutter. Danach schlitzten sie auch meine Mutter auf, weil sie nicht das tat, was sie sagten.

Sie schleppten mich aus dem Haus und vergewaltigten mich, einer nach dem anderen. Ich war damals erst 15 Jahre alt und blutete ganz fürchterlich. Als sie fertig waren, fühlte ich mich völlig am

Ende. Aber sie zwangen mich, aufzustehen und mit ihnen in den Wald zu gehen. Es fiel mir sehr schwer, zu laufen, aber ich hatte keine Wahl. Manchmal blieben wir stehen, und ich konnte ein wenig ausruhen. Dann ging es weiter.

Nach einem Tag teilte sich die Gruppe, und ich musste mit zwei Soldaten mitgehen. Sie fesselten mir die Hände auf dem Rücken, jetzt war ich ihre Gefangene. Und dann luden sie mir auch noch ihr Gepäck auf.«

Wayendaviti Nsanda erzählt, wie sie ihr Lager zuerst mitten im Wald hatten und unter dem offenen Himmel schliefen. Dann wurde sie von den beiden Soldaten zu einem Steinhaus gebracht, wo sie mehrere Monate lang ihr Hauptquartier hatten. Dort schlief sie auf einer Matte auf dem Boden und wurde von den beiden Männern sexuell ausgebeutet. Nach einer Weile wurde ihr klar, dass sie schwanger war.

»Zwei Mal versucht ich, zu fliehen. Aber beide Male haben sie mich wieder eingefangen, und dann wurde es nicht lustig. Sie schlugen mich sehr hart und brachten mich zurück ins Lager. Dort vergewaltigten sie mich immer dann, wenn sie Lust dazu hatten.

Aber eines Tages kamen andere Soldaten in das Lager und es gab Scherereien. Sie fingen an, zu schreien und sich zu prügeln. In dem Aufruhr schlich ich mich davon, ohne dass jemand etwas bemerkte. So schnell ich konnte, rannte ich in den Wald. Später begann ich, zu gehen.

Ich wusste nicht, in welche Richtung ich gehen sollte. Ich hatte mich vollkommen verirrt, wollte nur weg von denen, die mich gequält hatten. Und ich hatte fürchterliche Angst, dass sie mich wieder einfangen könnten.

Als das geschah, hatte ich einen ziemlich dicken Bauch, das Kind würde bald kommen, deshalb fiel es mir schwer, zu laufen. Und dort, mitten im Wald, kamen dann die Wehen, mir wurde klar, dass ich gebären würde. Und tatsächlich, das Kind kam. Ich bekam mein Kind dort, ganz allein im Wald, und ich versuchte, damit klarzukommen.

Aber ich war ja zu nichts mehr in der Lage. So fing ich an, zu rufen und laut zu schreien, so laut ich konnte. Ich rief um Hilfe. Drei junge Männer, die zufällig in der Nähe waren – sie waren auf dem Weg zum Markt –, hörten meine Rufe und fanden mich. Sie versuchten, mit mir zu reden, aber ich war so müde und völlig am Ende, dass ich nichts mehr sagen konnte.

Es waren freundliche Männer, die sich um mich und mein Kind kümmerten. Sie hatten ein paar Erdnüsse dabei, die sie mir zu essen gaben. Einer von ihnen lud mich auf seinen Rücken, ein anderer nahm mein neugeborenes Kind. Wir waren ganz in der Nähe von dem Ort, wo sie hin wollten, und sie trugen mich und mein Kind bis dorthin. Von dort nahmen wir ein Auto und fuhren direkt zum Panzi-Krankenhaus in Bukavu.«

Wayendaviti Nsandas Geschichte erzählt nicht nur von Gewalt und Grausamkeit, sondern auch von einem Wunder. Später frage ich den Arzt Denis Mukwege, wie es möglich sei, dass eine junge Frau ihr Kind ganz allein zur Welt bringen könne, ohne Hilfe, mitten im Wald. »Das ist möglich«, sagt er. »Das passiert ab und zu.«

Im Panzi-Krankenhaus bekam Wayendaviti Nsanda eine medizinische Behandlung und Hilfe bei der Verarbeitung ihres Traumas. Jetzt wohnt sie mit ihrem Kind in Dorkas und weiß über ihre Zukunft noch nicht sehr gut Bescheid. Aber sie fühlt sich geborgen.

»Hier habe ich nicht nur Medikamente bekommen, sondern auch Essen und Kleidung. Ich habe es gut. Sie kümmern sich um mich. Wie es werden wird, weiß ich noch nicht. Ich hoffe nur, dass ich meinem Kind eine Zukunft geben kann.«

MAYABANZA PIER, 13 JAHRE

Der Vater warf die Tochter aus dem Haus,
nachdem sie vergewaltigt worden war

Sie ist eine zarte, blasse 13-Jährige, die mit leiser Stimme spricht. Das, was Mayabanza Pier sagt, wiegt um so viel mehr. Sie ist vergewaltigt worden. Sie hat ein Kind. Und sie ist von ihrem eigenen Vater aus dem Haus geworfen worden und war dadurch gezwungen, eine vielversprechende Schullaufbahn zu beenden. Als ich Mayabanza treffe, ist das Panzi-Krankenhaus in Bukavu zu ihrer Heimat geworden.

»Ich habe keine Geschwister, bin das einzige Kind meiner Eltern. In der Schule lief es sehr gut für mich. Ich konnte in eine speziell ausgewählte Gruppe von fleißigen Schülern gehen, die gute Noten hatten, und dort war ich sehr fleißig. Meine Eltern waren mächtig stolz auf mich.

Und dann war ich zu Besuch bei meiner Tante, die ziemlich weit weg wohnt. Ich sollte ein wenig auf ihrem Feld arbeiten und Maniok ernten. Ich war allein auf dem Feld. Da kamen fünf junge Männer aus dem Wald heraus. Ich weiß nicht, was das für welche waren. Einer von ihnen trug Militärkleidung, die anderen aber nicht.

Sie hielten mich fest und stopften mir Gras in den Mund, sodass ich nicht schreien konnte, und dann zogen sie mir meine Sachen aus. Danach vergewaltigten sie mich, einer nach dem anderen. Ich habe entsetzlich stark geblutet. Als sie fertig waren und wieder im Wald verschwanden, lag ich nur da und blutete, ich konnte mich einfach nicht von der Stelle rühren. Als ich nicht zurückkam, kam meine Tante und suchte nach mir, und dann fand sie mich so, blutend auf dem Feld.

Sie brachte mich in ein Krankenhaus, wo man mir Blut gab. Denn ich hatte fast kein eigenes Blut mehr. Ich blieb für einige Wochen in dem Krankenhaus. Danach kam ich zu meinen Eltern nach Hause, aber da war ich nicht willkommen, als ihnen klar wurde, dass ich nicht vergewaltigt, sondern auch schwanger geworden war.

Um dieses Kind werde ich mich niemals in meinem Leben kümmern, sagte mein Vater. Er war furchtbar böse und sagte, dass er mich töten würde, wenn ich nicht wegginge. Ich bat um Vergebung für das, was geschehen war. Aber mein Vater wollte mir unter keinen Umständen vergeben. Es half nichts, dass ich weinte, bettelte und bat. Auch andere Verwandte verstießen mich. Sie waren der Meinung, dass ich die jungen Männer angelockt hätte, die mich vergewaltigt hatten. Dass es meine Schuld gewesen sei. Da habe ich mich dazu entschlossen, nach Bukavu zu gehen, wo mir vielleicht jemand helfen könnte. Es hat fünf Tage gedauert, dorthin zu gehen. Ich war ja nicht so bei Kräften.

Als ich nach Bukavu kam und durch die Straßen der Stadt lief, weinte ich. Hier kannte ich niemanden. Ich dachte, da könnte ich mir genau so gut das Leben nehmen. Ein paar Leute, denen ich unterwegs begegnete, fragten mich, was denn mit mir los sei, und ich erzählte ihnen, was passiert war. Eine Frau sagte mir, ich müsste ins Panzi-Krankenhaus gehen. Sie brachte mich dorthin und ließ mich hier. Das war im August.

Im Krankenhaus nahmen sie mich herzlich auf, machten Tests und untersuchten mich, und hier durfte ich dann auch bleiben. Und ich darf bleiben, bis ich mein Kind zur Welt gebracht habe.«

Ja, sie will das Kind bekommen, sagt sie. Sie hat Gott um die Kraft gebeten, sich um das Kind zu kümmern. Und sie glaubt, dass sie in der Lage sein wird, es zu lieben. Dennoch braucht sie Hilfe. Am meisten von ihren Eltern. Aber sie, die einst der Stolz dieser Eltern war, ist nun ihre Schande.

»Ich bin jetzt wieder gesund, und ich würde mich gerne mit meinen Eltern versöhnen und wieder nach Hause kommen. Ich will, dass alles gut wird zwischen uns, so wie früher. Das ist mein Wunsch. Aber zurzeit haben wir gar keinen Kontakt. Sie wollen nichts von mir wissen. Und dann würde ich auch gerne wieder zur Schule gehen. Das ist mein Wunsch für die Zukunft.«

Nichts hätte mich auf das vorbereiten können, was ich von Überlebenden der sexuellen Gewalt gehört habe, die so brutal ist, dass man sich das gar nicht vorstellen kann … Ich finde keine Worte, um zu beschreiben, was ich von jungen Mädchen und Frauen im Panzi-Krankenhaus in Süd-Kivu im Kongo gehört habe, nahe dem Epizentrum einer der weltweit größten humanitären Krisen. Was ich aber weiß ist, dass ich nicht mehr dieselbe Person bin, wie die, die in das Krankenhaus gekommen ist.

John Holmes,
Leiter der UNO
für humanitäre Fragen

VERGEWALTIGUNG – EINE WAFFE IM KRIEG

Eine Vergewaltigung ist wohl immer eine Vergewaltigung, verübt von einer sexuell erregten Person, der die notwendigen sozialen Kontrollmechanismen fehlen – oder?

Die Antwort lautet: Nein. Eine Vergewaltigung kann auch eine Waffe in einem Krieg sein, eine verheerende Splitterbombe, mitten in die örtliche Gemeinschaft geworfen, die die soziale Gemeinschaft in Trümmer schlägt; eine teuflisch raffinierte Methode, um Frauen auszuschließen und Elend anzurichten.

Vergewaltigung war immer schon Bestandteil des Krieges. Aber dann oftmals als ein Mittel siegreicher Soldaten, sich die Kriegsbeute zu holen und der aufgestauten sexuellen Lust freien Lauf zu lassen. Eine Art Belohnung und ein Weg, um seinen Herrschaftsanspruch zu markieren.

Die epidemischen Massenvergewaltigungen, ausgeübt von Milizgruppen, deren Zeugen wir im Ost-Kongo in den letzten Jahren waren, sind etwas anderes. Diese Vergewaltigungen sind keine Belohnungen für die Sieger, sondern eine per Befehl angeordnete Methode, die mit dem Ziel eingesetzt wird, dem Feind so schwer wie möglich zu schaden.

Drei deutliche Anzeichen dafür sind:

- Die Frauen werden oft vor den Augen ihrer Familie, ihrer Männer und ihrer Kinder, manchmal auch vor ihren

Nachbarn oder anderen Mitgliedern ihrer örtlichen Gemeinschaft vergewaltigt.

– Die Vergewaltigungen werden zumeist von ganzen Gruppen von Männern verübt, die irgendeiner Miliz oder Armee angehören. Sie vergewaltigen alle ein und dieselbe Frau, bei einer einzigen Gelegenheit.

– Man begnügt sich oftmals nicht damit, die Frauen zu vergewaltigen, sondern stößt Gewehrläufe, Äste, Messer oder andere scharfe Gegenstände in die Vagina, in der eindeutigen Absicht, ihren Unterleib zu zerfetzen. Es passiert, dass man ihre Vagina mit Gewehren zerschießt oder den Körper der Frau verstümmelt, indem man ihr zum Beispiel die Brüste abschneidet. Das geschieht, um das Stillen unmöglich zu machen.

Hier handelt es sich um eine Brutalität, die sich nicht mit sexueller Lust erklären oder einzig und allein auf eine impulsive Böswilligkeit begrenzen lässt. In dieser Form stellt die sexuelle Gewalt eine Strategie dar, einen Bestandteil des Krieges, ein Waffe im Krieg. Eine Waffe, die nicht nur gegen die bedrohten Frauen zum Einsatz kommt, sondern sich gegen ihre Familie, gegen ihre Volksgruppe, gegen die ganze Zivilgesellschaft richtet.

Nun ist der Kongo nicht das einzige oder das erste Beispiel eines Kriegsgebietes, in dem Massenvergewaltigungen im Dienst der Zerstörung stehen. Zum ersten Mal wurde es ernsthaft wahrgenommen – und als ein Verbrechen gegen die Menschlichkeit verurteilt – nach dem Krieg in Bosnien-Herzegowina, 1992-1995. Nach einer vom Flüchtlingshilfswerk der Vereinten Nationen UNHCR veröffentlichten Studie aus dem Jahr 2000 wurde in diesem Krieg systematisch sexuelle Gewalt angewendet, um den Feind zu kränken und zu erschrecken und um die Integrität ethnischer Gruppen zu brechen.

Als sich serbische Soldaten an muslimischen Frauen vergriffen, war dies Bestandteil einer militärischen Strategie. Die Identität der muslimischen Volksgruppe sollte gebrochen werden. Mindestens 20.000 Frauen waren während des Bosnienkrieges Vergewaltigungen ausgesetzt. Vermutlich war die Anzahl in Wirklichkeit deutlich höher.

Auch während des Völkermordes in Ruanda, als über 800.000 Tutsi und moderate Hutus von Hutu-Extremisten im Verlauf einiger Monate getötet wurden, wurden Vergewaltigungen systematisch als ein Weg zur ethnischen Säuberung eingesetzt. Von dort sprang diese Strategie auch auf den Kongo über, als die Hutu-Miliz FDLR[10], die sich aus Interahamwe-Angehörigen rekrutiert, aus Angst vor Racheakten des Tutsi-Regimes über die Grenze floh. Seitdem haben die ruandischen Hutu-Rebellen das Leben der Zivilbevölkerung im Ost-Kongo unsicher gemacht. Vor allem für die Frauen. Und man muss in diesem Zusammenhang sagen, dass die FDLR nicht die einzige Gruppierung ist, die Zivilisten terrorisiert hat und noch terrorisiert.

»Sie ist ein Krebsgeschwür im Körper der kongolesischen Gesellschaft, diese Straffreiheit für die Gewalt gegen die Schwächsten, Frauen und Kinder. Männer in Uniform, egal ob sie die Uniform der Regierungstruppen oder einer der Milizgruppen tragen, attackieren und kränken die zivile Bevölkerung auf eine völlig inakzeptable Art und Weise. Wir sprechen hier von Tausenden von Vergewaltigungen jeden Monat in der Provinz Kivu, in Katanga, in Ituri und an vielen anderen Orten hier im Kongo.«

Jan Egeland,
ehemaliger Leiter der UNO
für humanitäre Fragen

---

[10] FDLR: Forces Démocratiques de Libération du Rwanda (Demokratische Kräfte zur Befreiung Ruandas).

Eine große Dunkelziffer

Wie viele Frauen während der Kämpfe der letzten Jahre im Kongo vergewaltigt wurden, weiß niemand. Aber wir wissen, dass es viele waren. Für das Jahr 2007 berichtete OCHA[11], das Büro für die Koordinierung humanitärer Aufgaben, allein von 16.000 Vergewaltigungen in Süd-Kivu. Der Spitzenwert wurde 2004 erreicht, als 50.000 Vergewaltigungen von Frauen und Kindern in Nord- und Süd-Kivu registriert wurden. Man muss sich darüber klar werden, dass es sich hier um gemeldete Vergewaltigungen handelt. Der Leiter der Friedensbewahrenden Einsätze der UNO im Kongo[12], Jean-Marie Guehenno, ist der Ansicht, dass die Zahl der nicht gemeldeten Fälle zehn bis zwanzig Mal höher liegt, als die der gemeldeten. Die meisten Frauen schweigen über die Übergriffe und suchen nicht die Hilfe auf, die sie brauchen würden, weil sie vermeiden wollen, dass die Mechanismen, die zur Isolation führen, in Kraft treten. Das Gefühl von Schuld und Scham hält sie davon ab.

Auf diesem Hintergrund ist es wohl kaum übertrieben, von Hunderttausenden von Vergewaltigungen seit dem Ausbruch des Krieges im Ost-Kongo im Jahr 1998 zu sprechen. Nach 2004 ging die Zahl der gemeldeten Vergewaltigungen zwar zurück, aber später wies die Kurve wieder leicht nach oben.

Ganz eindeutig steht fest, dass die Anzahl der brutalen sexuellen Übergriffe an das Niveau der Kriegshandlungen gekoppelt ist. Als im Herbst 2008 neue Kämpfe im Gebiet rings um Goma in Nord-Kivu auflloderten, wurden Befürchtungen wach, es könne zu einem erneuten Anstieg der Vergewaltigungen kommen.

---

[11] OCHA: Office for the Coordination of Humanitarian Affairs.

[12] Die Mission de l'Organisation des Nations Unies en République Démocratique du Congo (offizielle französische Bezeichnung für die Mission der Vereinten Nationen in der Demokratischen Republik Kongo; Abkürzung: MONUSCO) ist einer der derzeit (2012) größten friedenssichernden Einsätze der Vereinten Nationen.

Befürchtungen, die nur allzu schnell von der Wirklichkeit bestätigt wurden.

Es gibt unterschiedliche Varianten sexueller Gewalt im derzeitigen Kriegszustand im Kongo. Eine davon besteht darin, dass Frauen als Sexsklavinnen aus den Dörfern oder von den Feldern mitgenommen und in eines der Guerillalager im Wald gebracht werden und dort sowohl gezwungen werden, Essen zu kochen und traditionelle Frauenpflichten zu erfüllen, als auch den sexuellen Diensten nachzukommen, die die Rebellen einfordern. Ein Teil von ihnen kommt lebend zurück in ihre Dörfer, andere schaffen das nicht. Diejenigen, die zurückkehren, können von widerlichen, folterähnlichen Übergriffen berichten.

Die sozialen Auswirkungen der Gewalt

Eine weitere Variante sind die brutalen Massenvergewaltigungen, deren Ziel es eindeutig ist, Schaden zuzufügen – nicht nur einem Individuum, sondern einem sozialen Gefüge.

Was geschieht eigentlich, wenn eine Frau vor den Augen ihres Mannes und ihrer Familie vergewaltigt wird?

Es bedeutet für das Opfer des Übergriffs eine unerhörte Kränkung. Aber es ist auch eine Kränkung des Mannes, der Familie, des gesamten sozialen Gefüges, dem die Frau angehört.

Seine Familie gegen Gefahren und Feinde zu schützen, ist für den Mann eine Sache der Ehre. Eine an der Ehefrau begangene Gruppenvergewaltigung, vor den Augen des machtlosen Mannes und vor den Kindern, stellt die ultimative Kränkung der Ehre des Mannes dar. Und der Familie. Und der Sippe.

Wenn die Frau heiratet, bekommt sie den Namen der Familie des Mannes und wird dadurch zu einem Mitglied der neuen Familienzusammengehörigkeit. Wird sie aber vergewaltigt und dadurch vom Feind verunreinigt, wird der Familienname in den Schmutz gezogen. Ihre Schande wird zur Schande aller. Sie bringt Schande über die ganze Familie des Mannes und über das gesamte soziale Netzwerk, zu dem sie gehört.

Als Folge davon wird sie oftmals verstoßen. Die vergewaltigte Frau darf nicht mehr länger ein Teil der Familie des Mannes bleiben. Es ist ein Weg für den Mann und seine Familie, seine Ehre und die der Familie zu schützen.

Der Mann hat bei der Hochzeit einen Preis für seine Braut gezahlt, eine Brautgabe. Wenn sie aufgrund einer Vergewaltigung so verletzt ist, dass sie keine Kinder mehr bekommen und die schweren Arbeiten, die zu den Aufgaben der Frau gehören, nicht mehr ausführen kann, dann ist sie den Preis nicht mehr länger wert, den er und seine Familie bezahlt haben. Das ist ein Problem für den Mann und seine Sippe.

Sollte aus der Vergewaltigung ein Kind hervorgehen, so ist dieses Kind sein Leben lang gebrandmarkt, wenn die Wahrheit bekannt wird. Es kommt vor, dass ein Kind, das geboren wird, weil eine Vergewaltigung als Waffe im Krieg eingesetzt wurde, als »Schlangenbrut« bezeichnet wird. Der Feind ist eine Schlange. Die Kinder des Feindes werden also als »Schlangenbrut« bezeichnet, auch wenn das Kind von einer Frau aus der eigenen Sippe oder Familie geboren wurde. Nicht selten will der Mann dieses Kind töten, das nicht von ihm gezeugt wurde, sondern von dem ehrverletzenden Feind.

Das bedeutet, dass viele Frauen im Ost-Kongo, die von einer der Rebellengruppen in der Umgebung vergewaltigt wurden, von ihren Familien und ihrer sozialen Gemeinschaft getrennt werden. Obwohl sie an dem, was geschehen ist, keine Schuld tragen, werden sie ausgestoßen und geraten in eine äußerst schwierige soziale Situation – ganz abgesehen von den körperlichen Schäden, die viele durch die Vergewaltigungen davontragen, und den Traumata, die sich in ihrem Inneren abspielen. Die traditionelle Versorgung durch die Klein-Felder-Wirtschaft, zuhause in den Dörfern, verschwindet. Sie müssen irgendwo anders und auf eine ganz andere Art und Weise neu beginnen.

Die Täter anzuzeigen, betrachtet man dort nicht als Alternative. Das kongolesische Rechtssystem befindet sich in einem miserablen Zustand, besonders in diesem Teil des Landes. Ein angezeigter Vergewaltiger kann sich nur allzu leicht freikaufen – und ist dann auch frei darin, sich an der Frau zu rächen, die ihn angezeigt hat. Vielleicht vergewaltigt er sie erneut. Das Ergebnis für die Frau, die einem sexuellen Übergriff ausgesetzt war, steht fest: Sie hat mehr zu verlieren als zu gewinnen, wenn sie den Täter anzeigt.

Dass Massenvergewaltigungen eine so effektive und damit auch interessante Waffe sind, liegt daran, dass sie sich gegen das tragende Element innerhalb der afrikanischen Gesellschaft richten – die Familie, und gegen diejenige, die die Mitte der Familie ist, nämlich die Frau. Sie arbeitet draußen auf dem Feld und sorgt dafür, dass das Essen auf den Tisch kommt. Sie geht auf den Markt und kauft die Lebensmittel ein und bereitet sie zu. Sie bekommt die Kinder und erzieht sie. Sie ist der Nabel der Familie und der Zivilgesellschaft, um den sich das tägliche Leben dreht.

Vergewaltigungsepidemie

Heute liegen große Teile der Landwirtschaft im Ost-Kongo aufgrund der Unruhen brach. Die Frauen wagen es nicht, draußen auf den Feldern zu arbeiten, aus Angst davor, vergewaltigt zu werden. Rund um die Dörfer und nicht weit entfernt von den Feldern, auf denen sie für gewöhnlich ihre Hacken schwingen, liegt der Wald, in dem sich die Männer der Milizen aufhalten. Diese Tatsache schüchtert die Frauen so ein, dass sie zuhause bleiben. Und wenn es keine Landwirtschaft gibt und die Ernten ausbleiben, dann ist die Unterernährung eine logische Folge.

Es sind nicht nur Rebellen und Soldaten mit ausländischen Verbindungen, die Übergriffe gegen Frauen und Kinder im Ost-

Kongo begehen. Das macht auch die reguläre kongolesische Armee. Schlecht oder gar nicht bezahlt, werden die unzureichend ausgebildeten und frustrierten Soldaten leicht zu einem Teil der allgemeinen Anarchie, in der man verwüsten, stehlen und Frauen vergewaltigen kann.

Allerdings kann man hier erkennen, dass die Vergewaltigungen durch Soldaten nicht in gleicher Weise eine Waffe darstellen, mit dem Zweck soziale Strukturen aufzulösen oder eine ethnische Identität auszuradieren. Es handelt sich hier nicht in erster Linie um brutale Gruppenvergewaltigungen, die auf Erniedrigung und Vereinsamung hinzielen, und es geschieht eher selten, dass Frauen dabei durch Messer oder Stöcke oder andere Instrumente verletzt werden.

Es besteht heute die Befürchtung, dass diese Vergewaltigungskultur von den Milizgruppen auf zivile Gruppen überspringen könnte. Wenn eine Frau, die von Soldaten vergewaltigt wurde, in ihr Dorf zurückkehrt, ist sie manchmal neuen Übergriffen ausgesetzt – durch Zivilisten aus ihrer näheren Umgebung. Durch Männer, die ihre Nachbarn sind, vielleicht sogar Verwandte von ihr. Das liegt daran, dass sie ihr Ansehen verloren hat; sie besitzt keinen Wert mehr, mit ihr kann man machen, was man will. Der sowieso schon niedrige Status der Frauen, der ein grundlegendes Problem darstellt, sinkt durch die Vergewaltigung noch tiefer.

Die regelrechte Vergewaltigungsepidemie, die im Ost-Kongo herrschte und noch immer herrscht, hat viele Aspekte, und man wird sie kaum alle verstehen. Sicher ist aber, dass das, was sich

seit Mitte der 1990er Jahre dort abspielt, eine furchtbare Tragödie ist, eine Tragödie, bei der sich die restliche Welt beschämend
stumm und unbegreiflich passiv verhalten hat.

Der Kampf für die Menschenwürde

DENIS MUKWEGE

Der Arzt, der zur Stimme der vergessenen Frauen wurde

Für die Journalisten, die zu Besuch kommen, ist er der aufsteigende Stern am Himmel der Meinungsmacher, Denis Mukwege, der Chefarzt des Panzi-Krankenhauses in Bukavu, im vom Krieg geplagten Ost-Kongo. Er ist entschieden und hartnäckig, trifft aber oft auf taube Ohren, kritisiert die Gleichgültigkeit der internationalen Gemeinschaft gegenüber einer der schlimmsten humanitären Tragödien dieser Welt – die sein Land und sein Volk getroffen hat. Und er gab wie kein anderer den vergessenen Frauen des Kongo eine Stimme.

Denis Mukwege wurde dafür am 10. Dezember 2008 mit dem Menschenrechtspreis der Vereinten Nationen ausgezeichnet, exakt 60 Jahre, nachdem die Deklaration der Menschenrechte angenommen wurde. Jene UN-Deklaration, die seitdem maßgeblich war in vielen anderen Zusammenhängen und die Grundlage für andere Deklarationen und Konventionen bildete, die die Freiheiten und Rechte der Menschen schützen und stärken.

Der Arzt aus Bukavu nahm den Preis in der Generalversammlung der Vereinten Nationen entgegen, zusammen mit fünf anderen Personen – wobei zwei von ihnen ihn posthum erhielten – sowie der Organisation Human Rights Watch. Der Preis, der seit 1968 in jedem fünften Jahr verliehen wird, war in den zurückliegenden Jahren an Personen wie Nelson Mandela, Martin Luther King, Eleanor Roosevelt und Jimmy Carter gegangen.

Bei einer Zeremonie in der zweiten Kammer des schwedischen Reichstages konnte Denis Mukwege am Freitag, den 30. Januar 2009, den Olof-Palme-Preis entgegennehmen, für seinen Einsatz für Frieden und Menschenrechte. Der Preis ist die angesehenste Auszeichnung der schwedischen Arbeiterbewegung. In der Begründung der Olof Palme-Gedächtnis-Stiftung für internationale Verständigung und gemeinsame Sicherheit heißt es:

»In einer Region, in der die brutalsten Seiten des Menschen in der Gewalt gegen Frauen zum Ausdruck kommen und deren Ausmaß ein unvorstellbares Niveau erreicht hat, hat es Dr. Denis Mukwege zu seiner Lebensaufgabe gemacht, beharrlich in die entgegengesetzte Richtung zu kämpfen. Das Panzi-Krankenhaus, das Dr. Mukwege gegründet hat und leitet, dient auf eine vorbildhafte Weise dem Frieden, der Verständigung und der Solidarität, indem es sich für die Frauen einsetzt, die die dem Konflikt am stärksten ausgesetzten Opfer sind. Seine Arbeit verdient weltweite Aufmerksamkeit, als ein bewundernswertes Beispiel dafür, was Mut, Beharrlichkeit und eine tragfähige Hoffnung für die Menschenrechte und die Würde bewirken können, in einer Zeit, in der diese Werte zu den am weitest entfernten zu gehören scheinen.«

Vor ihm waren untere anderem Václav Havel, Hans Blix, Daw Aung San Suu Kyi und Kofi Annan mit diesem Preis ausgezeichnet worden.

Im Jahr 2008 wurde Denis Mukwege zudem von dem großen nigerianischen Nachrichtenmagazin *The Daily Trust* zum Afrikaner des Jahres gewählt.

Und am 24. Februar 2012 war Denis Mukwege einer der Preisträger des Deutschen Medienpreises, der ihm in Baden-Baden überreicht wurde.[13]

---

[13] In seiner Rede ging Mukwege auf das Leid der Frauen ein. »Die Ver-

Die Preise und Auszeichnungen, die er in jüngster Zeit entgegennehmen durfte, zeigen mit aller wünschenswerten Deut-

gewaltigungen werden mit einer Unmenschlichkeit begangen, welche nicht einmal unter Tieren vorkommt«, sagte er. Die Frauen, die
so etwas überlebten, kämen in einem Zustand extremer psychischen
und physischen Verfalls zu ihm. »Manchmal fällt es selbst uns Ärzten
schwer, uns vorzustellen, was diesen Frauen widerfahren ist.« Bis 2010
hätten sie pro Jahr 3.500 Frauen behandelt. Doch auch wenn die Zahlen
2011 rückläufig seien, »so fordert doch jede einzelne Vergewaltigung
die Empörung von uns allen. Mit diesem Preis geben Sie den Tausenden von Frauen Hoffnung, die in diesem Augenblick als Kriegsstrategie
missbraucht oder entführt werden«, sagte Mukwege.
Der Mediziner pochte in seiner Rede auf die deutsche Verantwortung
für sein Land. »Vor 127 Jahren wurde das Schicksal meines Landes auf
der Berliner Afrika-Konferenz entschieden«, sagte er. Schon zu dieser Zeit habe das Gebiet, das später zur DR Kongo werden sollte, im
Zentrum internationaler Interessen gestanden. Seither werde diese
Region immer wieder von Konflikten erschüttert, bei denen es meis-
tens um Bodenschätze gehe. »Das kongolesische Volk ist ein ständiges
Opfer dieser Spannungen«, sagte Mukwege. »Ohne dass Deutschland
direkt verantwortlich für unser aktuelles Elend ist, sind seine heutige
Position in Europa und sein Einfluss während der Aufteilung Afrikas
Gründe dafür, dass es sich menschlich, moralisch und historisch be-
troffen fühlen sollte.« Es sei dringend notwendig, dass die Medien eine
tiefgehende Untersuchung vornähmen, um die Gründe für das Schweigen der internationalen Gemeinschaft und die vielen geo-strategischen
Handelsinteressen der unterschiedlichsten Gruppen aufzudecken. »Die
Geschichte hat schon öfter gezeigt, dass unparteiische Medien einfluss-
reiche Verbündete sein können in der Verteidigung humanitärer Ange-
legenheiten.«
In Baden-Baden wurden neben Mukwege außerdem die afghanische
Menschenrechtsaktivistin Sakena Yacoobi, der palästinensische Theologe Mitri Raheb sowie der russische Oberstleutnant Stanislaw Petrow
geehrt. Zum ersten Mal in der 20-jährigen Geschichte des Medienpreises wurden dieses Jahr bewusst Menschen ausgezeichnet, die ab-
seits der großen Schlagzeilen agieren. Preisträger aus den Vorjahren
sind unter anderem Bill Clinton, Michail Gorbatschow und Steffi Graf
(Quelle: Pressemeldung des Difäm vom 27. Februar 2012).

lichkeit, dass der Arzt aus dem Missionskrankenhaus in Bukavu zu einem wichtigen Multiplikator für Informationen aus diesem Land geworden ist, dem man heutzutage in den höchsten Etagen zuhört.

Aber für die vergewaltigten, traumatisierten Frauen, die Denis Mukwege und sein Team an Leib und Seele heilt, ist er in erster Linie der Arzt mit den milden Augen und den sanften Händen, der sich Zeit nimmt, um am Bett stehen zu bleiben und eine Hand auf die Stirn legt oder ihren Sorgen eine Weile zuhört, wenn sie sich draußen auf dem Gelände des Krankenhauses begegnen.

Wenn sie aus der Hölle kommen, dann ist das hier vielleicht nicht der Himmel, aber etwas, das ganz nahe dran ist. Denn hier erfahren sie, dass sie eine Würde besitzen. Menschenwürde. Dass ihr Leben es wert ist, gerettet zu werden, und dass ihre Zukunft vielleicht doch nicht nur aus hoffnungsloser Dunkelheit besteht.

Oktober 2008

Wir sitzen in Mukweges Büro, in das ungefähr alle zehn Minuten jemand hereinschaut. Es ist Oktober 2008, kurz bevor Mukwege die wichtigen Auszeichnungen erhält, und Denis Mukwege ist der Meinung, dass die Öffentlichkeitsarbeit im Gegenwind segelt. Er ist ein wenig niedergeschlagen und denkt über die Zukunft nach. Mehr über die des Kongo und die der Frauen als über seine eigene.

Ich bitte ihn, mir von seinem Leben zu erzählen, und nicht nur über seine Arbeit, denn ich will wissen, welche Beweggründe er hat, hier zu sein. Warum hat sich ein gut ausgebildeter kongolesischer Arzt, mit einem guten internationalen Ruf, nicht in Belgien oder in Frankreich niedergelassen, um dort gutes Geld zu verdienen, wo er sich nicht abarbeiten müsste in einer Umgebung, in der die Infrastruktur zerstört und die Wirtschaft herun-

tergekommen ist. Wo der Krieg niemals weit entfernt ist, und wo
er unter einer ständigen Bedrohung lebt.
Er sucht die Antriebskräfte dafür in der Vergangenheit, in seiner Kindheit.

*»Mein Vater war hier in Bukavu Pastor in der Communnauté
des Eglises de Pentecôte en Africa Centrale (Cepac), der Gemeinschaftsbewegung, die aus der schwedischen Pfingstmission hervor-
gegangen ist. Wir sind neun Geschwister, fünf Brüder und vier
Schwestern, daher war das Leben in einem armen Pastorenhaushalt
nicht ganz so einfach. Nahezu immer hatten wir Besucher aus der
Nachbarschaft, Leute aus anderen Gemeinden, die etwas in Bukavu
zu erledigen hatten, Pastoren und andere, die der Meinung waren,
es sei ganz normal, bei uns zuhause vorbeizukommen. Oft musste
ich mein Bett einem der Gäste überlassen und mir einen anderen
Schlafplatz suchen. Mit der Zeit gab ich mein Bett auf und legte
nachts eine Matratze unter den Esstisch. Kein anderer erhob An-
spruch auf diesen Platz. Da hatte ich meine Ruhe.*

*Als ich sechs Jahre alt war, liebte ich es, mit meinem Vater mit-
zugehen, wenn er Kranke in deren Häuser besuchte. Für gewöhnlich
sprach er mit ihnen und betete für sie. Ich erinnere mich ganz genau
an einen Besuch, als ich mit ihm in ein Haus ging, in dem ein klei-
ner schwer kranker Junge lag. Er hatte hohes Fieber und wurde von
Krämpfen geschüttelt. Vater betete für ihn. Kannst du ihm nicht auch
ein wenig Medizin geben, dann wird er schneller gesund, sagte ich.
Ich gebe das, was ich geben kann, antwortete Vater, ich bin Pastor
und kein Arzt. Dann will ich Doktor werden, sagte ich. Du kannst
dann für die kranken Kinder beten, und ich gebe ihnen Medizin.*

*Jetzt im Nachhinein habe ich verstanden, dass bei diesem Haus-
besuch etwas in mir geboren wurde. Ich wollte kranken Menschen
helfen, vor allem kranken Kindern. Und ich fühlte, dass es nicht
ausreicht, für die Menschen, die Hilfe brauchen, zu Gott zu beten,
man muss auch etwas Konkreteres tun. Man muss denen, die krank
sind, eine Behandlung anbieten können.*

*Ich wollte gerne studieren, und in der Schule lief es gut für mich.
Mein erster Gedanke war, Krankenpfleger zu werden. Aber andere*

sagten mir, dass ich mir ein höheres Ziel setzen müsste, dass ich Arzt werden könnte, wenn ich wollte. Also ging ich anschließend auf ein Gymnasium. Dort gab es ein Internat, aber meine Eltern hatten keine Mittel, um mich dort wohnen zu lassen, also musste ich ungefähr fünf Kilometer zur Schule laufen. Im letzten Jahr wohnte ich im Internat, aber das war für meine Eltern eine ziemlich schwere wirtschaftliche Belastung.

Danach begann ich mit dem Studium der Medizin an der Universität in Bujumbura in Burundi. Das war ökonomisch gesehen auch ziemlich anstrengend. Nach vier Jahren war ich nahe dran aufzugeben, es war einfach zu teuer, meine Familie besaß keine Mittel. Aber da bekam ich in den letzten beiden Jahren meiner Ausbildung finanzielle Unterstützung von der schwedischen Pfingstmission, sodass alles ins Lot kam. Ich konnte mein Studium beenden und das Examen als Arzt machen.«

1983 wurde Denis Mukwege als Arzt im Missionskrankenhaus in Lemera eingestellt. Da war er bereits seit drei Jahren mit Madeleine verheiratet, einer jungen Frau, die er bei einer Hochzeit getroffen hatte, als sie 19 und er 24 Jahre alt waren. Sie kamen nebeneinander zu sitzen, und im Verlauf des Abends begann Denis Mukwege zu ahnen, dass die junge Frau mehr sein könnte als eine angenehme Tischdame. Heute haben sie einen Jungen und vier Mädchen und arbeiten beide am Panzi-Krankenhaus, wo Madeleine, die in Frankreich Tropenmedizin studiert hat, medizinische Assistentin ist.

Fisteln – ein Schock

»Während meines Studiums konzentrierte ich mich besonders auf die Bedürfnisse armer und kranker Kinder. Aber als ich als fertig ausgebildeter Arzt an das Krankenhaus in Lemera kam, traf ich auf eine andere Wirklichkeit, die mich schockierte. Es war der Mangel an Hilfe für die Frauen, die ihre Kinder bekommen sollten. Wenn

nicht alles normal verlief, sondern irgendetwas schief lief, dann war ihr Leben in Gefahr. Sie konnten viele Tage lang zuhause mit Wehen liegen, ohne dass das Kind zur Welt kam. Und es brauchte vielleicht einen ganzen Tag, um die völlig erschöpfte Frau auf einer Bahre durch den Wald in das Krankenhaus zu bringen. Wenn man dann dort ankam, war die Bahre manchmal voller Blut, und die Frau war tot oder lag im Sterben. Oft handelte es sich dabei um sehr junge Frauen, die zum ersten Mal gebaren. Es war furchtbar anzusehen, ich war ziemlich erschüttert über das Schicksal dieser Frauen.«

Doktor Denis Mukwege erklärt mir, einem medizinischen Laien, das Fistelproblem. Fisteln betreffen vor allem junge Erstgebärende in den ländlichen Gebieten armer Länder wie dem Kongo, wo sie keine schnelle und effektive Hilfe bei komplizierten Entbindungen bekommen. Dabei geschieht folgendes: Das Kind bleibt im Gebärmutterhals stecken, und der Geburtsvorgang wird stark hinausgezogen, oft dauert es einige Tage, bis das totgeborene Kind herauskommt. Das Gewebe im Gebärmutterhalskanal der Frau wird mit der Zeit abgeschnürt und stirbt aufgrund mangelnder Durchblutung ab. Damit wird es brüchig und in der Wand zwischen der Ableitung zur Harnblase und dem Enddarm entsteht ein Loch. Das führt wiederum dazu, dass die Frau in Zukunft Urin und Stuhlgang nicht mehr kontrollieren kann. Die Frau wird dadurch sozial ausgegrenzt; sie riecht schlimm und wird für sich selbst und ihre Umgebung zu einer Belastung. Sie hat ihre Würde verloren, sie hat ihr Selbstvertrauen verloren und sie hat ihren Platz in der Gesellschaft verloren.

Diese Verletzung kann auch durch eine brutale Vergewaltigung entstehen, wenn der Vergewaltiger – oder eher *die* Vergewaltiger – Stöcke, Messer, Gewehrläufe oder andere spitze Gegenstände benutzen, die in die Vagina eingeführt werden. Allein die rein physischen Folgen dieser Art von sexueller Folter sind grauenhaft, doch auch die psychologischen und sozialen Folgen wiegen schwer.

»Wir mussten diesen Frauen auf eine bessere Art und Weise helfen können, das wurde mir als junger Arzt klar. Ich fuhr nach Frankreich, wo ich von 1984 bis 1989 Gynäkologie studierte. Im ersten Jahr dort war ich sehr einsam und arbeitete und paukte gleichzeitig. Dann kam meine Familie nach. Das war finanziell gesehen zwar alles andere als einfach, aber in den letzten beiden Jahren bekam ich ein Stipendium von PMU InterLife, das es mir ermöglichte, mein Studium zu beenden. Sie gaben auch meiner Frau ein Stipendium, sodass sie ein Jahr lang Tropenmedizin studieren konnte.

Nach dem Gynäkologiestudium kehrte ich in den Kongo und das Krankenhaus in Lemera zurück. Dort führte ich einen Ausbildungsgang für Hebammen und Krankenschwestern ein. Es gab einen riesigen Bedarf an qualifiziertem Krankenpflegepersonal. Ich begann während der Zeit in Lemera auch damit, Frauen zu behandeln, die ein Fistelproblem hatten. Meine Familie wohnte damals in Bukavu, weil die Kinder dort zur Schule gehen konnten. Das war ganz schön stressig, ich konnte nur an zwei Wochenenden im Monat bei ihnen sein.«

Patienten werden ermordet

Dann kam die große Katastrophe. Der Krieg. Man hat ihn später »Afrikas Weltkrieg« genannt, aufgrund der Tatsache, dass so viele Nationen sich in diese Streitereien einmischten. Der Krieg, der über fünf Millionen kongolesische Leben gekostet hat, und der Hunderttausende vergewaltigter Frauen zurückließ. Der Krieg, der trotz aller Verhandlungen und Friedensprozesse tief im Ost-Kongo fortgesetzt wird, wo gewaltige Wälder den Gewaltverbrechern Schutz bieten, und wo die unschuldigen Bewohner der Dörfer terrorisiert werden.

Es war das Jahr 1996, und Denis Mukwege befand sich in Lemera, zusammen mit drei schwedischen Missionaren, als der Bürgerkrieg endgültig ausbrach. Er bekam den Auftrag, die Missionare nach Bukavu zu eskortieren – es war sicherer in der

Gesellschaft eines Kongolesen, der außerdem noch Arzt war. Einer von ihnen, David Eriksson, hatte eine sehr schwere Infektion in einem Fuß bekommen, und war gezwungen, zurück nach Schweden zu gehen, um sich dort so schnell wie möglich behandeln zu lassen.

»Meine Absicht war es, zum Krankenhaus und zum Personal zurückzufahren, sobald mein Auftrag ausgeführt war. Ich hatte mir selbst das Versprechen abgenommen, meine Patienten und mein Personal nicht im Stich zu lassen, wenn der Krieg käme. Aber auf dem Weg nach Bukavu gab es eine gewaltige Unruhe. Ununterbrochen gab es Militärkontrollen. Menschen, die in Panik flüchteten. Es war chaotisch. Wir fuhren so schnell wie es nur möglich war, denn es lag in der Luft, dass unser Leben auf dem Spiel stand.

An einem Ort, wo die Straße ganz dicht an Ruanda vorbeiführte, wurden wir von der anderen Seite der Grenze aus beschossen. Der Missionar, der am Steuer saß, Veikko Reinikainen, gab so viel Gas, wie er nur konnte. Wie durch ein Wunder schafften wir es. Rund um das Auto hörten wir Kugeln einschlagen, aber keine traf die Seitenwand. Aber wir sahen ein anderes Auto, das vom Kugelhagel getroffen wurde, von der Straße abkam, und schließlich einen Abhang hinunterstürzte. Die, die in dem Auto saßen, hatten keine Überlebenschance. Es war eigentlich unbegreiflich, dass wir uns mit heiler Haut nach Bukavu retten konnten, wo es zu dieser Zeit immer noch ruhig war. Ich sehe darin Gottes Hand.

An eine Rückfahrt war jedoch überhaupt nicht zu denken. Es war völlig unmöglich. Und drei Tage später war die Tragödie zu einer Tatsache geworden. Rebellen stürmten das Krankenhaus in Lemera, erschossen 30 Patienten, die hilflos in ihren Betten lagen, und töteten auch einige Leute vom Personal. Als mich die Nachricht in Bukavu erreichte, war ich vollkommen fertig. Ich kam mir vor wie ein großer Verräter. Als meine Patienten und mein Personal mich am dringendsten brauchten, war ich nicht da. So fühlte ich mich.

Vor meinem inneren Auge sah ich die beiden Frauen, die ich nach meinem letzten Besuch aus Bukavu mitgenommen hatte. Sie mussten zur Behandlung in das Krankenhaus in Lemera. Am Dienstag *hatte ich sie operiert. Ein paar Tage später wurden sie in ihren Betten erschossen.*

Es gab auch andere Patienten, die ich operiert hatte. Ich hatte mich darüber gefreut, dass sie am Leben geblieben waren und wiederhergestellt sein würden. Jetzt waren sie auf brutale und schamlose Weise ermordet worden. Wie kann jemand in ein Krankenhaus gehen und so etwas Widerliches tun? Das war so unmenschlich, so unbegreiflich.

Es hat ein paar Jahre gedauert, bis ich ernsthaft wieder weitermachen konnte, nach dieser Tragödie. Die Gedanken an das, was da geschehen war, quälten mich sehr. Und der Eindruck blieb, dass ich meine Patienten und mein Personal im Stich gelassen hatte, weil ich nicht dort war, als der Angriff geschah.

Später sah ich Filmaufnahmen von der Verwüstung des Krankenhauses. Alles war zerstört, nur um der Zerstörung willen. Die Soldaten waren auch in meiner Wohnung gewesen und hatten einige Kugeln auf meinen Arztkittel geschossen, der dort hing, und auch auf ein Foto von mir. Das war ein Signal dafür, was mit mir passiert wäre, wenn ich da gewesen wäre.

Es dauerte acht Jahre, ehe ich wieder in der Lage war, nach Lemera zu fahren. Zum zwölften Jahrestag des Massakers kehrte ich dorthin zurück und übernachtete zum ersten Mal wieder an diesem Ort. Ich reiste gemeinsam unter anderem mit Astrid und David Eriksson dorthin, dem Missionarsehepaar, das ich damals von dort evakuiert hatte. In Lemera trafen wir auch auf Veikko Reinikainen, der das Auto gefahren hatte, als wir nach Bukavu abreisten.

Es war ein Besuch voller erschütternder Erinnerungen. Nachts konnte ich kein Auge zumachen, die Gedanken kehrten immer wieder. Es war jetzt zwölf Jahre her, und dennoch gab es sie immer noch – Gesichter, Bilder. Ich besuchte die Gräber, in denen die Opfer des Krankenhausmassakers liegen. Das war sehr berührend.

Auf dem Weg zurück nach Bukavu, erinnerten wir uns Stück für Stück daran, was auf den einzelnen Wegstrecken passiert war. Wieder einmal mussten wir feststellen, dass unsere Rettung ein Wunder war. Aber das machte den Verlust derer, die ihr Leben verloren hatten, nicht geringer.

Ein lebensgefährlicher Auftrag

Der Krieg kam auch nach Bukavu. Denis Mukwege und seine Familie mussten weiterziehen und ließen sich als Flüchtlinge in Nyankunde nieder, im Norden des Kongo. Von dort wurde der Doktor aus Lemera nach Nairobi gerufen, zu Beratungen über einen Einsatz unter denjenigen, die während der Scharmützel geflohen waren. In dieser Zeit näherte sich der Krieg auch Nyankunde, sodass der Rest der Familie in aller Eile nach Nairobi fliegen musste. Dort blieben seine Frau und die Kinder zurück, während Denis Mukwege als Koordinator für die Flüchtlingshilfe im Kongo, von der Basis Kisangani, einer Stadt im Nordosten des Kongo, aus, tätig war.

Es war eine Zeit voller Gefahren, und Denis Mukwege erfuhr mehr als einmal, dass das Leben an einem seidenen Faden hing. So zum Beispiel, als er und einige andere Beobachter die Flüchtlingsströme beobachten sollten. Sie flogen in einem kleinen Flugzeug über Walikale und wurden versehentlich beschossen – das kongolesische Militär war der Meinung gewesen, dass es von einem feindlichen Flugzeug angegriffen wurde. Oder als die Kugeln ein anderes Mal während einer Fahrt durch Kisangani in das Auto einschlugen, doch er blieb unverletzt. Es war ein schreckliches Gefühl, beschossen zu werden und zu wissen, dass jederzeit eine Kugel sein Leben beenden konnte.

Doch Denis Mukwege sollte als Arzt wiederkommen. Allerdings nicht in das zerstörte Krankenhaus in Lemera – sondern nach Bukavu.

»Nach einer Weile haben wir über die Notwendigkeit einer Klinik in Bukavu diskutiert. Sie würde die Reisezeit für viele Patienten erheblich verkürzen, die auf ihrem Weg nach Lemera durch Bukavu kamen. Und zudem wohnen die meisten ja sowieso hier in Bukavu.

Zuerst dachte ich an eine eher provisorische Klinik, vielleicht ein Zelt, in dem man erste Hilfe leisten könnte, ehe die Patienten weiter in das Krankenhaus nach Lemera transportiert wurden, falls dort eine weitere Behandlung notwendig war. So bekamen wir nach und nach – und hier komme ich auf die Cepac, die Gemeinschaftsbewegung, die ihre Wurzeln in der schwedischen Pfingstbewegung hat und die hinter dem Panzi-Krankenhaus steht, zu sprechen – eine mobile Klinik mit vollständiger Ausrüstung von UNICEF[14]. Aber sie wurde nie benutzt, denn 1998 wurde Bukavu angegriffen und alles ging verloren. Von der UNICEF-Ausrüstung blieb nichts übrig.

Darauf wandte ich mich an PMU InterLife in Schweden und bat um Hilfe, um ein paar ältere Häuser in der Umgebung von Panzi einzurichten, damit dort ein Krankenhaus seine Tätigkeit aufnehmen konnte. Das Geld kam, und 1999 konnten wir mit unserer Arbeit beginnen. Von der Smyrna-Gemeinde in Göteborg bekamen wir eine Schenkung, die wir dazu benutzen konnten, traumatisierte Frauen und Kinder zu behandeln. Das war der Beginn dessen, was heute als Projekt zur Resozialisierung der Opfer sexueller Gewalt läuft.

Danach bauten wir das neue Panzi-Krankenhaus, als ein Projekt der PMU InterLife, finanziert von Sida und der ärztlichen Mission in Schweden. Wir bauten Stück für Stück, mitten im Krieg. Im Nachhinein ist es für mich nahezu unbegreiflich, dass Schweden es gewagt hat, Geld in dieses risikoreiche Projekt zu stecken – es war ja noch nicht lange her, dass das Krankenhaus in Lemera zerstört worden war.

Verfolgt und bedroht

Zu dieser Zeit war der Ost-Kongo besetztes Gebiet. Und zwar, seitdem der neue Herrscher, Laurent Désiré Kabila, seinen früheren Verbündeten im Befreiungskampf gegen Mobutu, die ruandische Armee, hinausgeworfen hatte und begann, mit den aufrührerischen Kräften in den angrenzenden Ländern Ruanda

---

[14] UNICEF: Kinderhilfswerk der Vereinten Nationen.

und Uganda zu flirten. Als logische Folge dieser Politik wurde der Ost-Kongo von Streitkräften aus diesen beiden Ländern besetzt, wozu sich dann auch noch Burundi gesellte. Andere wiederum stellten sich auf Kabilas Seite. »Afrikas Weltkrieg« war im Gang, ein Krieg, der zu einer großen Massenschlägerei um die Reichtümer des Kongos wurde und der eine der schlimmsten humanitären Krisen dieser Erde verursachte.

Im Gebiet von Bukavu spielte vor allem Ruanda eine Hauptrolle. Denis Mukwege erzählt, dass das Leben als Arzt in der Hauptstadt Süd-Kivus nicht unbedingt als sicher bezeichnet werden konnte in dieser Zeit.

»Als ich 1998 mit der Arbeit in Bukavu begann, wurde mir verboten, die Stadt und ihre nächste Umgebung zu verlassen. Dieses Verbot bestand zwei Jahre lang. Wohin ich auch wollte, ich hatte immer einen bewaffneten Soldaten an meinen Fersen kleben. Ich wurde bewacht, und man wollte wirklich, dass mir das klar wurde und ich mir keine Freiheiten erlaubte. Diese Situation war ziemlich beschwerlich.

Manchmal kamen Soldaten und nahmen einen der Patienten im Krankenhaus mit. Sie zogen die betreffende Person aus dem Bett und führten sie ab. Wohin? Warum? Solche Fragen wurden nicht beantwortet. Die Unsicherheit war groß. Niemand wusste, was von Tag zu Tag geschehen würde. Das galt sowohl für meine Patienten als auch für mein Personal und auch für mich selbst.

Nachts wurde ich manchmal durch anonyme Telefonanrufe geweckt. Da konnte sich eine Stimme melden, die mir sagte, ich solle schnell kommen, ein Patient würde mich brauchen, aber wenn ich nach weiteren Informationen fragte, wurde der Hörer aufgelegt. Manchmal wurden auch einfach nur Drohungen ausgesprochen. Es war nervenaufreibend, vor allem für meine Familie.

Ich werde niemals den Tag vergessen, als unsere damals 16-jährige Tochter Zawadi aus der Schule nach Hause kam und weinte, weil der Vater ihrer Klassenkameradin getötet worden war. Die Leute sagen, dass du jetzt an der Reihe bist, dass man daran denkt,

dich auch zu töten, sagte sie. Und deshalb bat sie mich unter Trä-
nen, dass wir aus Bukavu wegziehen sollten, weil sie ihren Papa
nicht verlieren wollte.

Es war ein unerhört schweres moralisches Dilemma, in dem ich
zu dieser Zeit steckte. Ich sah den enormen Bedarf und ich empfand
Loyalität mit den wehrlosen Frauen und Kindern, die auf so unge-
rechte Weise vom Krieg betroffen waren. Aber ich hatte auch eine
Familie und meine erste Loyalität sollte ja ihr gehören. Ich kämpfte
hart dafür, um eine vernünftige Balance herzustellen, bei der ich
weder meine Patienten noch meine Familie verriet.«

»Hier werde ich gebraucht«

In meinen Gesprächen mit Denis Mukwege, während einiger
Wochen im Oktober 2008, komme ich zu der Frage zurück, warum er unverdrossen weiter in einem zerrissenen Kongo arbeitet, während ihm die Welt offen steht, für eine bequemere und
auch lohnendere Karriere. Er gibt mir zu verstehen, dass es diese
Wahl für ihn nicht gibt.

»Ja, ich habe Angebote bekommen, in Europa zu arbeiten. Sicher
lohnende und gute Jobs. Aber dort wäre ich nur ein weiterer Doktor
unter vielen anderen qualifizierten und tüchtigen Ärzten gewesen.
Dort werde ich einfach nicht gebraucht. Hier dagegen werde ich ge-
braucht. Und außerdem ist es für mich moralisch richtig, die Not
unter meinem eigenen Volk zu lindern.

Wenn ich die vielen Frauen hier sehe, die gar nichts besitzen, die
vielleicht sogar ihre ganze Familie im Krieg verloren haben, die ver-
gewaltigt und erniedrigt wurden – wenn ich sie sehe und verstehe,
was diese Pflege hier für sie bedeutet, physisch und psychisch, wenn
ich sehe, dass sie wieder lächeln können, dann ist es das, was mich
hier hält. Da weiß ich, dass ich gebraucht werde. Hier.

In den letzten Jahren habe ich mich auch mit dem Gedanken
versöhnt, dass vielleicht ein Sinn darin liegt, dass mein Leben ver-

schont wurde, als das Krankenhaus in Lemera zerstört worden ist. Das geschah, so will ich das sehen, damit ich damit weitermachen konnte, meinem Volk zu helfen. Wie könnte ich mich da in Europa niederlassen, wo es von tüchtigen Ärzten nur so wimmelt, und wo mich eigentlich niemand braucht?«

Der Aufklärer und Multiplikator für Informationen

»Der Aufklärer Denis Mukwege«, sage ich eines Morgens, als wir uns zu einem erneuten Gespräch im Arbeitszimmer des Arztes treffen. »Lassen Sie uns über ihn reden. Ihn, der bei CNN, der BBC, in der wichtigen amerikanischen Nachrichtensendung 60 Minuten auftritt, der mit den UN-Botschaftern gesprochen und vor dem amerikanischen Kongress über die Übergriffe im Kongo berichtet hat und...« Denis Mukwege unterbricht mich:

»In erster Linie bin ich Arzt, aber wenn wir hier bei uns im Krankenhaus Frauen behandeln, die es im Krieg ganz schwer getroffen hat, sie in ihre Dörfer zurückschicken und sie nach einer Weile mit noch größeren Problemen wiederkommen – vielleicht sind sie aufgrund einer Vergewaltigung HIV-infiziert – dann packt mich die Verzweiflung. Hier bin ich damit beschäftigt, Frauen wieder in Ordnung zu bringen, und schicke sie heim, und dann kommen sie noch verwundeter zurück. Und das deshalb, weil das Elend weitergeht, dieser Kriegszustand, und die Welt scheint sich überhaupt nicht darum zu kümmern. Die Führer der Welt lassen das einfach so weiterlaufen. Angesichts dieses furchtbaren Unrechts, dieser Ungerechtigkeit, kann ich nicht schweigen.

Ich erinnere einen besonderen Fall, zu Beginn unserer Tätigkeit, der mich so tief berührte, dass mir klar wurde, dass ich jetzt diesen Frauen eine Stimme geben und versuchen musste, der Welt davon zu berichten, was sich im Ost-Kongo abspielte. Man rief mich aus dem Krankenhaus in Uvira an und sagte, man hätte dort einen so schweren Fall, dass man die Patientin hierher schicken wollte. Sofort. Und dann kam sie, eine junge Frau, vielleicht knapp 20 Jahre alt. Sie blutete ungewöhnlich stark. Ich bat meine Mitarbeiter, sich und die Frau sofort für eine Operation bereit zu machen. Als ich sah, wie verletzt sie war, traute ich kaum meinen Augen.

Ein Verwandter der Frau, der mitgekommen war, berichtete, dass die Patientin nicht nur vergewaltigt worden war, sondern dass ein Soldat ihr auch in die Vagina geschossen hätte. Ihr Unterleib war eine einzige große, blutende Wunde. In ihrer Verletzung breitete sich eine schwere Infektion aus. Die junge Frau schwebte zwischen Leben und Tod. Ich versuchte, mit ihr zu reden, aber die einzige Antwort, die ich bekam, waren ihre Tränen.

Wir begannen mit der Behandlung, und es gelang uns, ihr Leben zu retten, und nach einer Reihe von Operationen und einer langen Zeit der Rehabilitation war sie auch wiederhergestellt.

Ich habe auch andere Fälle gesehen, bei denen man mit einem Revolver oder Gewehr in die Vagina der vergewaltigten Frauen geschossen hat, und wir haben es hier natürlich auch mit den schweren Schädigungen zu tun, die durch Messer oder Stöcke oder andere Waffen zustandekommen. Unter anderem habe ich versucht, ein 4-jähriges Mädchen zu operieren, dem man in den Unterleib geschossen hatte. Wir konnten ihr Leben retten, aber es gelang uns nicht, ihre inneren Organe wieder aufzubauen. Sie wird ihr Leben lang inkontinent bleiben.

Aber es war dieser erste Fall, diese junge Frau mit dem zerschossenen Unterleib, der mich so aufrüttelte und mir klar machte, dass die Welt vom dem erfahren muss, was hier vor sich geht.

Als ich im Dezember 2006 von der UNO eingeladen wurde, um von der Situation im Osten des Kongo zu berichten, da war das nach dem Besuch von Jan Egeland hier im Krankenhaus. Der damalige Vize-Generalsekretär der UNO und Verantwortliche für die humanitären Einsätze der Organisation war auf einer Reise in der Umgebung, und er nahm sich wirklich Zeit, um den Frauen und ihren Geschichten zuzuhören. Ich kam in einen sehr guten Kontakt mit ihm. Er sah das Problem und er verstand es.

Das führte dazu, dass ich eine Einladung nach New York bekam, wo ich den UN-Botschaftern aus der ganzen Welt davon berichten durfte. Ich muss sagen, das fühlte sich großartig an, als ich dort stand und die Namen der verschiedenen Länder auf den Schildern lesen konnte.

Vor dieser Begegnung konnte ich den damaligen Generalsekretär Kofi Annan treffen und ihm von der Situation im Kongo erzählen. Im Anschluss gab es eine Pressekonferenz, bei der ich den Sachverhalt erneut erläutern konnte. Als ich das UN-Hauptquartier in New York verließ, war ich von Hoffnung erfüllt. Die Welt wusste jetzt, was hier vor sich ging. So war jedenfalls mein Eindruck.

Aber seitdem ist nicht viel

»Dass die sexuelle Gewalt zu einer Kriegsmethode geworden ist, hat zu einer massiven Verschlechterung der sozialen und moralischen Strukturen geführt, und nicht nur Soldaten vergewaltigen, sondern auch viele Zivilisten tun es. Es scheint, als ob es keine Barrieren mehr gäbe.«

Jan Egeland, früher UN-Chef für humanitäre Fragen, zitiert in der *New York Times*, am 22. Juni 2005

geschehen. Nicht, wenn ich es aus der Perspektive der verstoßenen Frauen betrachte. Die gleiche Unsicherheit. Die gleichen Risiken. Die gleichen Übergriffe.

Als ich 2008 in den US-amerikanischen Kongress eingeladen wurde, um über die Lage hier in der Gegend zu berichten, da war das auch eine großartige Sache, so wie der Besuch bei den Vereinten Nationen. Mein Optimismus wurde wieder geweckt. Sowohl Republikaner als auch Demokraten zeigten ein großes Interesse, und die Medien machten auf unsere Lage aufmerksam. Als ich nach Hause fuhr, war ich sehr froh. Jetzt kommen die Dinge, die hier geschehen, auf die weltpolitische Tagesordnung, dachte ich.

Aber nach meinem Besuch ist nicht sonderlich viel passiert. Wir haben humanitäre Hilfe bekommen und die ist wichtig. Aber wir müssen auch an die Wurzel des Übels heran, diesen Krieg, der nie zu einem Ende zu kommen scheint, diese Gewalt, mit der die geplagten Kongolesen weiter terrorisiert werden. Und die die Frauen und Kinder am härtesten trifft.

Vor Kurzem war ich in das Hauptquartier der EU in Brüssel eingeladen, wo ich mit den Parlamentariern der verschiedenen eu-

ropäischen Länder zusammentraf und über die Situation im Ost-Kongo reden konnte. Dort erlitt ich so etwas wie einen Schock. Es ist schwer für uns, auf politischer Ebene etwas zu unternehmen, denn die Bürger hier in Europa sind nicht informiert. Sie müssen mehr Informationen bekommen, sodass sich daraus ein politischer Druck entwickeln kann, von unten, graswurzelartig, erklärte man mir.

Hatten sie recht? Kann das möglich sein? Zehn Jahre lang haben wir den Medien über die Gewalt berichtet, nicht zuletzt auch über die sexuelle Gewalt, hier im Ost-Kongo. Viele Journalisten haben das Panzi-Krankenhaus besucht, die vergewaltigten Frauen interviewt, haben gesehen, wie wir ihre Körper und ihr Leben wiederhergestellt haben, haben mich interviewt. Große Reportagen über uns sind in den wichtigsten Medien veröffentlicht worden, in den großen amerikanischen Fernsehsendern, in der BBC, in großen internationalen Zeitungen und Zeitschriften. Sollten die Bürger in den Ländern des Westens dennoch so unzureichend informiert sein, dass die Politiker nicht genug Unterstützung erfahren, um so wirkungsvoll handeln zu können, dass die Gewalt im Kongo gestoppt wird?

Wenn sich eine Katastrophe ereignet, dann ist es, als ob die Leute sagen: Das hier kann nicht wahr sein. Erst wenn alles vorbei ist, kommen die Reaktionen, erst dann nimmt man die Wirklichkeit wahr. Es bestand kein Mangel an Zeugnissen über das, was in Deutschland in der Zeit des Nationalsozialismus vor sich ging, aber die Reaktionen kamen sehr, sehr spät. Viel zu spät für Millionen von Juden. Der Völkermord in Ruanda war nicht etwas, das einfach so passierte, keine Überraschung. Es gab deutliche Hinweise auf das, was da vor sich ging. Und dennoch konnte es geschehen.«

Die Gier als treibende Kraft des Krieges

Ich frage Denis Mukwege, welche Lösung er für den Kongo sieht. Er will keine politischen Verhaltensmaßregeln geben. Aber er betont, dass die Gewalt eine ökonomische Basis hat. Und dass das der springende Punkt ist.

»Wenn wir ehrlich sind, dann müssen wir feststellen, dass es sich hier um einen Wirtschaftskrieg handelt, einen Krieg um die natürlichen Ressourcen unseres Landes. Der Kongo ist ein reiches Land. Und das ist unser Problem, genauer gesagt, die Ursache des Problems. Alle wollen an unsere Reichtümer heran. Große internationale Unternehmen sind hier tätig, und sie sind mächtig. Man investiert in die politischen Spielchen, um so viel wie möglich an sich zu raffen. Den Preis bezahlen dann unschuldige Zivilisten. Manchmal denke ich: Okay, kommt und bedient euch am Gold, an den Diamanten, am Uran, am Coltan und was es sonst noch hier gibt, aber macht das friedlich, ohne Gewalt, ohne dass so viele Menschen ihr Leben dabei verlieren. Die Kongolesen wollen in erster Linie keine Reichtümer, sie wollen Frieden und ein sicheres und normales Leben führen können.*

Es gibt eine Menge Leute, die sehr viel Geld damit verdienen, indem sie hier im Kongo ein Chaos anrichten, damit sie sich an den natürlichen Ressourcen bedienen können. Würde hier Ruhe herrschen, dann wäre es nicht so leicht, Mineralien zu stehlen und sie aus dem Kongo auszuführen.«

Heute pulsiert es vor lauter Aktivitäten im Panzi-Krankenhaus in Bukavu. Viele Hilfsorganisationen engagieren sich und unterstützen verschiedene Bereiche der Arbeit.

Auf einer Tür aus Blech hängt ein Schild, das darauf hinweist, dass von hier aus das PMU InterLife-Projekt verwaltet wird, das von ECHO und jetzt auch von der Sida finanziert wird. Es ist ein Arbeitsbereich, der heute einen großen Teil der Kapazitäten des Krankenhauses beansprucht. Denis Mukwege erzählt, wie es begann.

»Der Wunsch, mehr zu tun für die Frauen, die in den Auseinandersetzungen vergewaltigt wurden oder andere gynäkologische Problem hatten, die auch durch den Krieg verursacht worden waren, wuchs. Sie standen vor unserem Krankenhaus Schlange. Sie benötigten Hilfe, physisch wie psychisch.*

Ich habe mich an ECHO gewandt, die Abteilung der EU für humanitäre Fragen, und gefragt, ob sie etwas tun könnten. Sie antworteten, dass sie nicht direkt mit einem afrikanischen Krankenhaus wie unserem zusammenarbeiten könnten, sondern das Ganze über eine europäische Organisation laufen müsste. Daraufhin nahm ich Kontakt mit der PMU InterLife auf und berichtete dort von dieser Angelegenheit. Sie stellten sich zur Verfügung, und auf diese Art und Weise konnte ECHO unsere Arbeit über die PMU unterstützen, die sich anbot, das Projekt zu verwalten. Im Jahr 2004 begannen wir mit der Betreuung der Frauen, als wir 600.000 Euro für eine erste Phase, die anderthalb Jahre dauert, zugesichert bekamen.

Das war die Antwort auf die Bedürfnisse der stark gefährdeten Frauen. Jetzt konnten wir ihnen nicht nur eine kostenfreie Behandlung und Medikamente anbieten, sondern auch Essen, Unterkunft, Kleidung, Transport – eben alles, was sie brauchten. Und sie benötigten wirklich alles. Man muss sich bewusst machen, dass sehr viele hierher kommen, ohne irgendetwas. In manchen Fällen haben sie im Krieg ihre Familien verloren, sie haben ihre Versorgungsmöglichkeiten verloren, sie sind gekränkt und erniedrigt, und man hat ihnen ihr Selbstvertrauen und ihr Selbstwertgefühl genommen. Nun können wir ihnen Hilfe anbieten, sowohl physisch als auch bei der Verarbeitung der Traumata, ohne dass eine von ihnen deshalb diskriminiert wird, weil sie kein Geld hat.

Einen großen Geber zu finden wie ECHO, anstatt abhängig zu sein von sehr vielen kleinen Spendern, nahm auch eine große verwaltungstechnische Last von mir und dem Krankenhaus. Zuvor mussten wir an sehr viele verschiedene Adressen berichten – auch die, die eine kleine Summe für unsere Arbeit gaben, verlangten ja einen umfassenden Rechenschaftsbericht darüber, wie die Gelder verwendet wurden. Jetzt war es nur noch einer, dem wir zu berichten hatten, und außerdem hatten wir Unterstützung durch die PMU InterLife. Das Projekt läuft zwar im Rahmen des Krankenhauses, ist aber eine eigenständige Sache. Für mich persönlich bedeutet das, dass ich wieder mehr Zeit für die rein medizinische Arbeit, das Operieren, aufwenden kann.«

Die Zusammenarbeit mit Harvard

Was würde passieren, wenn ECHO seine finanzielle Unterstützung abziehen würde? Ja, meint Denis Mukwege, da besteht schon das Risiko, dass die Arbeit mit den vom Krieg betroffenen Frauen zusammenbrechen würde.

»Wir haben auch Geld vom Christian Relief Network in Norwegen bekommen, für die Aus- und Weiterbildung von Ärzten, die diese Art von Verletzungen operieren können. Von acht Ärzten befinden sich zwei derzeit im Ausland und bekommen eine Weiterbildung, und zwei andere sind gerade an einem anderen Krankenhaus in Afrika, wo sie das vermitteln, was sie hier gelernt haben.

Seit Mai 2007 gibt es eine Zusammenarbeit mit der Harvard Humanitarian Initiative (HHI), die uns dabei hilft, unsere Möglichkeiten auszubauen. Die Universität Harvard nahm mit mir Kontakt auf, als ich zu Besuch in New York war, und ich bin sehr dankbar für diese Zusammenarbeit. Und jetzt setze ich meine Hoffnung auf ein Team von tüchtigen Ärzten und medizinischen Forschern, die gemeinsam mit uns die Technik entwickeln können, um Patientinnen mit einer Fistel, die ein Inkontinenzproblem haben, zu operieren.

Harvard arbeitet auch mit unseren Datenbanken, so können sie für genauere Statistiken und Forschungen weiterentwickelt und benutzt werden.«

An diesem Punkt kommen wir zu Denis Mukweges Zukunftsvision für das Panzi-Krankenhaus. Er sieht die Möglichkeit, es zu einem Weiterbildungszentrum auszubauen, das in erster Linie für den Kongo von Bedeutung ist, aber auch für das übrige Afrika. Der Schwerpunkt soll dabei auf der Behandlung von Fisteln liegen, die für so viele afrikanische Frauen zu einer Geißel geworden sind.

»Wir wollen so viel wie möglich von den Universitäten und fortschrittlichen Kliniken in den USA und in Europa lernen, aber auch

von anderen Stellen, wo es ebenfalls sehr viel Wissen und Kompetenz gibt. Das können wir tun, indem sie Leute zu uns schicken, die uns hier helfen und medizinisches Personal ausbilden, und indem wir unsere eigenen Ärzte zu ihnen schicken, die dort eine Ausbildung erhalten.

Aber das werden wir nicht tun, um alles Wissen für uns zu behalten. Wir werden unsererseits das, was wir lernen, an andere Krankenhäuser hier im Kongo weitergeben, und warum nicht auch in das übrige Afrika. Wir haben hier im Panzi-Krankenhaus ja schon Patienten aus den angrenzenden Ländern, und ich sehe unseren zukünftigen Auftrag nicht einzig und allein auf den Kongo begrenzt. Gleichzeitig ist es ja eine Tatsache, dass unser Land durch den Krieg unerhört viel an Kompetenz verloren hat. Ärzte und anderes ausgebildetes Personal sind an sicherere Orte geflohen, und wir müssen daher Wissen und Kompetenz neu aufbauen. Das ist unerhört wichtig.«

Eine prophetische Rolle

Meine Gespräche mit Denis Mukwege landen immer wieder in der Wirklichkeit, die die Welt um uns herum scheinbar nicht wahrhaben will, dass die Vergewaltigungen im Krieg in einem Ausmaß als Waffe benutzt wurden und werden, wie es vermutlich niemals zuvor an irgendeinem anderen Ort in der Welt geschehen ist.

Wenn die UNO von 16.600 Vergewaltigungen allein in Süd-Kivu im Jahr 2007 spricht, dann muss man sich darüber im Klaren sein, dass die Dunkelziffer wesentlich höher liegt. Die Scham bringt die Vergewaltigten dazu, zu schweigen. Das Risiko, sozial ausgegrenzt zu sein, verpasst den Betroffenen einen Knebel. Und in vielen Fällen sind die Opfer dieser sexuellen Gewalt isoliert, die unsichere Lage hindert sie daran, Kontakt mit ihrer Umgebung aufzunehmen. Von Beginn des Jahres bis einschließlich September 2008 waren sechs von zehn Patientinnen innerhalb der von PMU InterLife getragenen Arbeit, vergewaltigte Frauen. Die übrigen hatten gynäkologische Schäden, die auch im Zusammenhang mit dem Krieg standen. Als das Projekt 2004 begann, war der Anteil der Vergewaltigungen noch wesentlich höher.

Es gibt Theorien, dass der Einsatz von Vergewaltigungen als Waffe durch Milizgruppen »überspringen« kann und zu sexuellen Übergriffen, begangen auch von Zivilisten, führen kann. Doktor Mukwege entgegnet darauf:

»Die Vergewaltigungen werden ganz eindeutig als eine Kriegswaffe eingesetzt. Aber die Situation hat sich verändert, seit der Friedensvertrag unterzeichnet worden ist (im Januar 2008). Die Vergewaltigungen sind nicht mehr länger eine Kriegswaffe, sondern sie wurden zur Waffe gewöhnlicher Krimineller und werden leider von Rebellen, Mitgliedern der kongolesischen Armee und auch von Zivilisten verübt.«

Jürgen Schröder,
Leiter der Wahlbeobachter
Kommission der EU
im März 2008

»Das ist natürlich etwas, das wir befürchten. Aber ich sehe das trotzdem nicht in irgendeinem größeren Umfang auf uns zukommen. Dagegen bin ich der Überzeugung, dass die Kongolesen im Hinblick auf ›gewöhnliche‹ Vergewaltigungen wachsamer werden – es ist sehr wichtig, dass wir zwischen Vergewaltigungen unterscheiden, die als strategische Waffe benutzt werden, die sich gegen die Gesellschaft und die Volksgruppen richtet, und Vergewaltigungen im traditionellen Sinn. Früher hat man Inzest und sexuelle Übergriffe, die sich dort ereigneten, verborgen gehalten. Aber jetzt ist das Problem offenkundig, und man ist eher bereit, sexuelle Gewalt im engeren Umfeld offen zu kritisieren. Die Kultur ist in dieser Hinsicht transparenter geworden. Man kann vielleicht sagen, dass dies ein positiver Effekt der furchtbaren Ereignisse ist, die wir in Form von sexueller Gewalt als Methode der Kriegsführung zu sehen bekommen. Das Problem ist aktueller, deutlicher geworden.«

Letzter Tag. Letztes Gespräch. Denis Mukwege fasst unsere Gespräche zusammen und kommt erneut auf die Aufgabe des Panzi-Krankenhauses zu sprechen, die mehr umfasst als Behandlung und Resozialisierung.

»Wir sind hier, um schutzlose und ausgestoßene Frauen zu behandeln – aber auch, um für die Meinungsbildung zu sorgen. Wir kümmern uns um die Vergewaltigten, versuchen sie zu rehabilitieren, aber wir sagen gleichzeitig, so laut wir es können: Das ist falsch! So darf es nicht weitergehen! Die Gewalt muss aufhören!

Man kann vielleicht sagen, dass unser Krankenhaus eine im biblischen Sinn prophetische Rolle spielt. Wir stehen gegen die Ungerechtigkeit auf und bekämpfen das, was böse ist, und was so unerhört viele unschuldige Menschen bedroht, die nichts anderes wollen, als in Frieden zu leben, ein normales Leben zu führen. Dieses Recht darf ihnen nicht verweigert werden.«

Stockholm, 31. Januar 2009

Die zweite Kammer des Reichstages füllt sich schnell an diesem grauen und trüben Januarabend. Ganz vorn sitzen die alten Eltern von Denis Mukwege und betrachten ganz verwundert, wie sich die Fotografen um ihren Sohn drängen, den Jungen, der so oft unter dem Küchentisch geschlafen hat, wenn sein Bett von einem der Gäste belegt war, die ständig im Haus des Pastors in Bukavu auftauchten.

Pierre Schori, der Vorsitzende der Olof Palme-Stiftung, hält die Laudatio. Lisbeth Palme überreicht den Preis. Denis Mukwege erzählt, er bedankt sich, er zollt dem Einsatz der schwedischen Missionare im Kongo seine aufrichtige Anerkennung, er greift die sexuelle Gewalt mit einer Leidenschaft an, die der des Urhebers dieses Preises in nichts nachsteht. Als die Rede zu Ende ist, bekommt der Missionsarzt aus dem Panzi-Krankenhaus stehende Ovationen. Der Applaus will kein Ende nehmen. Der frühere Ministerpräsident Ingvar Carlsson und alle anderen bekannten Politiker, Journalisten, Missionare, Kirchenleute und wer sonst noch dort anwesend ist – alle wollen Denis Mukweges Handeln ehren und feiern. Und die Scheinwerfer zeigen nicht nur auf ihn und die schwedische Mission, sie werfen auch ein helles Licht auf die vergessenen, die mit Füßen getretenen und erniedrigten Frauen des Kongo. Ich weiß mit großer Sicherheit, dass es das ist, was Denis Mukwege an diesem Abend am meisten freut.

Ich erinnere ihn an die Tage im vergangenen Oktober, als wir in Bukavu miteinander sprachen, die Tage, an denen er beinahe verzweifelte im Blick auf die Möglichkeiten, die Welt wachzurütteln. Und nun dieser Preis und diese Aufmerksamkeit. Während seines Besuches in Stockholm, bei dem er den Olof Palme-Preis entgegennehmen wollte, scharten sich die Medien um ihn und hörten aufmerksam zu, was der kongolesische Arzt zu berichten hat, und diejenigen, die die Medien nutzten, bekamen so ausführliche Informationen über die Situation der vergessenen Frauen, wie noch niemals zuvor.

»Zunächst will ich sagen, dass der Preis und die Auszeichnung, die ich bekommen habe, eigentlich für die vergewaltigten Frauen im Ost-Kongo bestimmt sind. Sie haben eine lange Zeit gerufen. Nun endlich scheint es so, dass die Welt sie hört. Als wir im Oktober miteinander gesprochen haben, schien es so, als würde niemand auf diesen Ruf hören, es schien so, als ob sich niemand darum kümmern würde, dass über fünf Millionen Kongolesen aufgrund der Auseinandersetzungen der letzten zehn Jahre ums Leben gekommen sind. Und ich hatte doch mit so Vielen darüber geredet. Was konnte ich noch tun? Jetzt keimt die Hoffnung in mir. Vielleicht wird unser Kampf doch zum Sieg führen. Die Preise und Auszeichnungen sorgen dafür, dass die Welt erfährt, was in meinem Land geschehen ist und noch geschieht. Jetzt kann die Welt wohl nicht länger schweigend zusehen?«

So steht Denis Mukwege also hoffnungsvoll mit beiden Füßen auf dem Boden, durch viele Enttäuschungen fest verwoben mit der Realität.

»Das Wissen ist der erste Schritt. Aus diesem Wissen heraus zu handeln, ist der nächste Schritt. Jetzt wird es interessant sein, zu sehen, wie die Welt vorgeht. Den einen oder anderen Rebellenführer gefangen zu nehmen, reicht nicht aus. Derjenige, der entfernt wird, wird schnell durch einen neuen ersetzt, und so setzt sich die Gewalt fort. Es reicht auch nicht, noch mehr UN-Soldaten in diese Gegend hineinzuschicken. Wir müssen vielmehr die politischen Führer des gesamten Gebietes an den Seen – und hier geht es nicht nur um den Kongo – dahin bekommen, dass sie den Frieden wollen und sich auch für diesen Frieden einsetzen. Sonst wird es keinen Frieden geben.

Die Weltgemeinschaft muss sie unter Druck setzen, mit wirtschaftlichen Mitteln. Die Welt muss damit aufhören, mit den Kriegsherren und Rebellenführern Handel zu treiben, die den Kongo, was seine Mineralien und andere Reichtümer betrifft, ausplündern. Die internationalen Konzerne sind aufgerufen, zu uns zu kommen und die natürlichen Ressourcen auf eine gerechte Art und Weise zu verwerten, ohne dass eine riesige Anzahl von Menschen gezwungen ist, dies mit ihrem Leben zu bezahlen.

Und der Waffenhandel in diese Gegend muss gestoppt werden.

Hier bin ich der Ansicht, dass auch die Kirche dabei eine Rolle spielt. Eine prophetische Rolle. Die Kirche kann ihre Stimme erheben und sagen: Gott ist gegen das Böse, das hier geschieht. Gott will nicht, dass seine Schöpfung vergewaltigt und verwüstet wird. Die Kirche kann auch diejenigen unter Druck setzen, die wichtige Beschlüsse fassen.«

Stimmen zur Verleihung des Olof-Palme-Preises an Denis Mukwege

Die folgenden Zitate wurden in der Zeitschrift *PMU.nu* veröffentlicht:

»*Der Preis bedeutet sehr viel für die bedrohten Frauen, aber auch die Botschaft, dass die Frau zu respektieren sind. Er ist auch eine Anerkennung für die Mission, mit all ihren hingebungsvollen Mitarbeitern aus Schweden, die für die Arbeit im Kongo von großer Bedeutung sind.*«
Ingvar Carlsson, früherer Ministerpräsident

»*Es ist außerordentlich gut, dass der Preis ein Licht auf den Kongo-Konflikt wirft, von dem im Rauschen der Medien so wenig zu hören ist. Unvorstellbar, dass fünf Millionen Menschen in diesem Krieg ums Leben gekommen sind.*«
Hans Blix, Diplomat und Völkerrechtsexperte

»*Das Problem der bedrohten Frauen im Kongo ist stark in den Fokus gerückt worden. Es war fantastisch, die durchschlagende Wirkung von Doktor Mukwege im Zusammenhang mit diesem Preis in den schwedischen Medien mit anzusehen. Hoffentlich reicht die Botschaft auch über unsere Grenzen hinaus.*«
Lisbeth Palme, Verleiherin des Preises

DER KRISENHERD KONGO

Unerhört reich, und gleichzeitig eines der ärmsten Länder der Welt. So lässt sich in Kürze die Demokratische Republik Kongo beschreiben. Der Reichtum, das sind die enormen Bodenschätze, unter anderem Gold, Silber, Kupfer und eine Menge anderer wertvoller Mineralien. Hier liegen zum Beispiel 80 Prozent der weltweiten Menge an Coltan, das bei der Herstellung von Computern und Mobiltelefonen Anwendung findet. Begehrt. Kostbar. Hier gibt es riesige Diamantenlagerstätten. Die Hälfte des afrikanischen Waldes steht im Kongo, einem Land, das ungefähr so groß ist wie Westeuropa. Der Kongo-Fluss und seine Nebenflüsse könnten mit entsprechender Technik den gesamten Kontinent mit Elektrizität versorgen.

Dieser Reichtum wurde mit Beginn des kolonialen Zeitalters im 19. Jahrhundert zum Fluch für das Land, und das hat bis heute dazu geführt, dass die Bevölkerung in tiefer Armut lebt. Paradox? Ja, aber so ist es. Denn die Bodenschätze sind ein Reichtum, an dem die Armen keinen Anteil haben. Andere beanspruchen diesen Reichtum für sich. Inländische und ausländische Kriegsherren. Ausländische Regierungen. Internationale Konzerne. Korrumpierte Politiker. Aber nicht die 66 Millionen einfachen Kongolesen, die das Land bevölkern. Sie werden ausgesaugt und ausgebeutet.

Ungefähr 80 Prozent der Bevölkerung verdienen weniger als einen Dollar pro Tag. Mehr als jeder vierte Kongolese wird als unterernährt eingestuft. Die mittlere Lebenserwartung liegt bei 51 Jahren.

Und all diese Armen wohnen in einem Land mit zerstörter Infrastruktur und einem Rechtssystem, das in Trümmern liegt; einem Land, in dem die Gewalt oft, allzu oft, das letzte Wort hat.

Im Jahr 1960 erlangte der Kongo seine Freiheit von der belgischen Kolonialmacht, aber die erste demokratische Wahl in diesem neuen Staatsgebilde wurde erst 46 Jahre später abgehalten. Da waren viele Träume von einem guten Leben in einem freien Kongo schon geplatzt. Die Wahl im Jahr 2006 brachte neue Träume mit sich, die immer noch darauf warten, dass sie sich bewahrheiten.

Der Kongo-Freistaat

Aber lassen Sie uns einen großen Schritt zurück machen, denn die Hölle von heute hat ihren Ursprung im Gestern, um es einmal ganz brutal doch wahrheitsgemäß auszudrücken. Während der Jahre von 1885-1908 war der heutige Kongo Privatbesitz des belgischen Königs Leopold II. Und trug den Namen Kongo-Freistaat. Er war im Grunde die private Plantage des Königs. Mit großem Erfolg plünderte er die Reichtümer des Landes, vor allem Elfenbein und Gummi. Und er ging – bildlich gesprochen – über Leichen, Massen von Leichen, um für sich selbst eine private Welt von unfassbarem Reichtum und Luxus zu erbauen. Der amerikanische Historiker und Journalist Adam Hochschild, der das Buch *Schatten über dem Kongo* geschrieben hat, vertritt die Ansicht, dass die Bevölkerung des Kongo sich unter der blutigen Herrschaft Leopolds von ungefähr 20 Millionen auf 10 Millionen Einwohner verringerte.

Eine etwas unsichere Berechnung, sicher. Aber die Wahrheit ist, dass ein gigantischer Völkermord begangen wurde, während man das Land systematisch und mit Gewalt seiner Reichtümer beraubte. Augenzeugen haben für ihre Nachwelt unfassbar grausame Szenen aus diesem Drama der Gier festgehalten, bei dem Leopold II. Regie führte. Die Kongolesen wurden von den bewaffneten Handlangern zu einer grausamen schweren Sklavenarbeit gezwungen. Was zählte, war die Ausbeute. Und denjenigen, die keine ausreichende Menge Gummi ablieferten, wurden die Hände oder andere Körperteile abgehackt. Oder sie wurden getötet und in den nächstbesten Fluss geworfen. Die Grausamkeit war grenzenlos, die Gewalt hemmungslos.

Nach und nach bildete sich in der westlichen Welt eine Opposition gegen die kongolesische Herrschaft Leopolds heraus. Zu denen, die die Welt davon unterrichteten, was dort vor sich ging, gehörte der schwedische Baptistenmissionar E.V. Sjöblom, der etwa in der Mitte des Landes stationiert war. Er schrieb Artikel in der schwedischen und britischen Presse und appellierte eindringlich an die Meinungsmacher und Entscheidungsträger in Europa, dass man die Grausamkeiten und den vor sich gehenden Völkermord stoppen müsse.

Der weiße Mann aus Schweden stellte sich entschlossen und kühn – und das war sicher nicht ungefährlich – auf die Seite der Kongolesen. Sjöblom war mit dieser Einstellung sicher nicht allein, aber sein Einsatz wird von Adam Hochschild mit großem Respekt erwähnt.

Belgisch-Kongo

Eine zunehmend kritische Einstellung in der Welt und auch in Belgien zwang Leopold II. letztendlich, den Kongo-Freistaat im Jahr 1908 an den belgischen Staat zu verkaufen. Ein wirkliches Verlustgeschäft war das für den König eigentlich aber nicht – er starb im darauf folgenden Jahr, als einer der absolut reichsten Männer der damaligen Welt. Es war aber auch für den belgischen

Staat kein schlechtes Geschäft. Kein anderer afrikanischer Besitz produzierte zum Beispiel größere Reichtümer in den 50er Jahren des letzten Jahrhunderts, als die Bergbauindustrie ihren Höhepunkt erreichte. Zum Gewinn trugen natürlich auch die jämmerlichen Löhne für diejenigen bei, die das Erz brachen und es ans Tageslicht schleppten, und zwar unter härtesten Bedingungen.

Die Möglichkeit einer höheren Ausbildung für die Einheimischen wurde von der Kolonialmacht überhaupt nicht in Betracht gezogen. Als der Kongo 1960 schließlich selbstständig wurde, gab es im ganzen Land nicht einen Arzt, Jurist oder Ingenieur, der im Kongo geboren war.

In der belgischen Kolonie waren die Zustände besser als in der Zeit des Kongo-Freistaates, wenn auch nicht gut. Leopold II. hatte etwas aufgebaut, dass der Historiker Carl Johan Gardell in seinem Buch *Kan Kongo frigöra sig från sin historia? (Kann sich der Kongo von seiner Geschichte befreien?)* treffend als »kleptokratische Machtstruktur« bezeichnet hat; das heißt, die Aufgabe des Staatsapparates bestand darin, die Reichtümer des Landes zu plündern. Diese Einstellung, wenn auch mit einem reduzierten Maß an Grausamkeit, hielt sich auch in der belgischen Zeit. Das war ja überhaupt auch die Idee, die die Grundlage der Kolonialherrschaft bildete – Afrikas natürliche Ressourcen waren Rohwaren, die den europäischen Eigentümern wachsenden Reichtum und Macht ermöglichen sollten.

Im Zusammenhang mit der Unabhängigkeit 1960, die schlecht vorbereitet war, breitete sich das Chaos aus. Inländische Streitigkeiten mit ausländischer Einmischung – der Kongo wurde zu einer der Arenen des Kalten Krieges – machten das Land zu einem riesigen Krisenherd im Zentrum des Weltinteresses. Kongos erster Premierminister, der an der Sowjetunion orientierte Patrice Lumumba, wurde 1961 ermordet und 10.000 UN-Soldaten wurden in das Land geschickt mit dem Auftrag, dafür zu sorgen, dass es nicht völlig auseinanderfiel.

Während seines Versuches, die komplizierte politische Verstrickung des selbstständigen Kongo aufzulösen, starb der Generalsekretär der Vereinten Nationen, Dag Hammarskjöld, bei einem Flugzeugabsturz, am 17. September 1961, auf dem Weg zu Verhandlungen mit Moise Tshombe, der die Provinz Katanga für unabhängig erklärt hatte und und einer der Hauptakteure der Krise war.

Mobutu übernimmt die Macht

Fünf Jahre nach der Erklärung der Unabhängigkeit, ergriff der Oberbefehlshaber der Armee, Joseph-Désiré Mobutu die Macht durch einen unblutigen Putsch. Die Menschen waren müde von Krieg und Chaos und versprachen sich nun Frieden und Wohlstand. Mobutu rief sich selbst zum Präsidenten aus. Damit wurde eine 30-jährige Diktatur übelster Machart eingeläutet. Politische Parteien wurden verboten, politische Aktivitäten ebenfalls – mit Ausnahme, versteht sich, für Mobutus eigene Partei. Der Präsident versammelte die ganze Macht in seiner Hand.

In der Zeit des Kalten Krieges erhielt Mobutu militärische und wirtschaftliche Unterstützung aus dem Westen, vor allem aus Belgien, Frankreich und den USA. Man betrachtete ihn als einen zuverlässigen Antikommunisten. Und insbesondere für die Vereinigten Staaten war es wichtig, dass die natürlichen Ressourcen, die es im Kongo gab, nicht in die Hände der sowjetischen Machtsphäre gelangten.

Der Kongo änderte seinen Namen in Zaïre, und auch viele andere Namen wurden afrikanisiert. Aber was Mobutu eigentlich tat, war, dass er sich den Mantel des Kolonialherren König Leopold anzog und das Erbe der kleptokratischen Machtstruktur weiterführte. Die Bedürfnisse des Volkes wurden vernachlässigt, während sich die Männer, die an der Macht waren – Mobutu selbst und der engste Kreis um ihn herum – bereicherten. Der

Diktator entwickelte eine große Meisterschaft in der Kunst, die Staatskasse zu plündern und die Gelder in seine eigenen, geräumigen Taschen zu stopfen.

Der Missmut über Mobutus Regime wuchs, Revolten entstanden, die mit brutaler Gewalt niedergeschlagen wurden, politische Konkurrenten wurden eliminiert. Anarchie breitete sich aus. Es wurde immer deutlicher, dass die Tage des Diktators letztlich gezählt waren. Aber der zündende Funke für den Krieg von 1996-2003, der dann, aufgrund der Einmischung der angrenzenden Länder, auch »Afrikas Weltkrieg« genannt wurde, kam von außen. Genauer gesagt, durch den Konflikt zwischen Hutus und Tutsis, der 1994 zum Völkermord in Ruanda führte, bei dem innerhalb weniger Monate mindestens 800.000 Menschen getötet wurden. Es war eine Ausrottungskampagne, geplant und angeheizt durch das Hutu-Regime des Landes.

Hutus und Tutsis

Der Konflikt zwischen Hutus und Tutsis hat nicht nur in Ruanda zu Problemen geführt, sondern auch in Burundi. Selbst in anderen angrenzenden Ländern wie Uganda und Kongo gab und gibt es Minoritäten der Hutus und der Tutsis.

Die Tutsis, die aus Ruanda flohen, nahmen am Bürgerkrieg in Uganda teil, wo sie Yoweri Musevenis 1986 an die Macht halfen. In Uganda bildete sich die Tutsi-Rebellenbewegung RPF, Ruandas Patriotische Front, die 1990 in Ruanda eindrang und einige Jahre lang Krieg führte mit den Regierungstruppen, ehe Verhandlungen zwischen den Parteien begannen und schließlich in einem Friedensvertrag mündeten.

Als 1994 der Völkermord in Ruanda begann, nahm die RPF, unter der Führung von Paul Kagame, den Kampf gegen ruandische Regierungstruppen und die Interahamwe, die zusammen mit Soldaten der gestürzten Hutu-Regierung später die Forces

Démocratiques de Libération du Rwanda (FDLR) gründete, wieder auf. Dies führte letztendlich zu der Ausrottungskampagne nationalistischer Hutus und brachte die Tutsis und Paul Kagame – Ruandas jetzigen Präsidenten – an die Macht in Kigali, der Hauptstadt Ruandas.

Aus Furcht vor Rache flohen Tausende ruandischer Hutus in die angrenzenden Länder, vor allem über die Grenze in den Kongo, oder Zaïre, wie das Land damals noch hieß. Mobutu öffnete die Grenzen für mehr als eine Million Hutus aus Ruanda. Die Interahamwe kontrollierten die Hutu-Flüchtlinge und verübten Überfälle in Ruanda. Sie griffen auch kongolesische Tutsis an, die in der Nähe der Flüchtlingslager wohnten.

Um die Attacken über die Grenze hinweg zu stoppen, schickten Ruanda und Uganda im Herbst 1996 Soldaten in den Kongo, die die Hutu-Lager zerstörten. Aber viele Interahamwe-Soldaten wagten es nicht oder wollten nicht in ihr früheres Heimatland zurückkehren, sondern blieben in den Wäldern im Osten des Kongo. Sie überlebten durch Terror und Erpressung der örtlichen Bevölkerung in den dortigen Dörfern sowie durch die illegale Gewinnung der natürlichen Reichtümer – also durch die Plünderung des Landes.

Im Herbst 2008 schätzte man, dass es mindestens 5.000 Mann von ihnen in der Provinz Kivu gab. Mit Waffengewalt nahmen sie weiterhin, was sie wollten – Lebensmittel, Geld, Frauen.

Sie leben in den dortigen weitläufigen Gebieten, wo der Mangel an funktionierenden Wegenetzen und Transportmöglichkeiten es ihnen leicht macht, sich vor der Zentralregierung im weit entfernten Kinshasa und ihrer unzureichend ausgerüsteten Armee versteckt zu halten.

Einheimische politische Akteure im Kongo, dem damaligen Zaïre, nutzten die Konflikte zwischen Hutus und Tutsis auf unterschiedliche Art und Weise aus und surften im Kielwasser, das der Völkermord in Ruanda hinter sich ließ. Kongolesische Rebellen, die Mobutu stürzen wollten, knüpften Kontakte mit der Tutsi-Armee, die im Ostteil des Landes operierte. Als der Kriegsherr Laurent-Désiré Kabila im Jahr 1997 mit seinen Leuten auf Kinshasa zumarschierte, wurde er unter anderem von ruandischen Tutsi-Soldaten unterstützt.

In dieser Lage war eine Unterstützung für Mobutu kaum mehr vorhanden. Außerdem war er schwer an Krebs erkrankt. Er floh aus dem Land, und Kabila rief sich zum Präsidenten aus und versprach in üblicher Manier Demokratie und Freiheit. Schnell zeigte sich jedoch, dass es mit diesen Visionen ebenfalls wie üblich war – es ging dabei mehr um Macht und Reichtum für den Präsidenten selbst und sein engstes Umfeld als um das Wohl des Volkes. Parteipolitik wurde verboten. Oppositionelle wurden verfolgt. Der Freiheitskämpfer tauschte die Rebellenuniform schnell mit dem Anzug des Unterdrückers.

Ein machtstrategischer Fehler

Aber als Kabila seine ehemaligen Unterstützer, die ruandischen und ugandischen Truppen, aus dem östlichen Teil des Landes wegschickte, das nun den Namen Demokratische Republik Kongo trug, unterlief ihm ein machtstrategischer Fehler. Es war eine politische Rochade mit weit reichenden Konsequenzen. Es wurde auch nicht dadurch besser, dass er Kontakte mit den Interahamwe knüpfte sowie einem Teil der anderen Gegner der Regime in Ruanda und Uganda. Damit hatten es die Kongolesen mit einem neuen blutigen Krieg zu tun. Sieben der angrenzenden Länder – Ruanda, Uganda, Burundi, Angola, Simbabwe, Botswana und Namibia – waren darin verwickelt. Der Krieg dauerte von 1998 bis 2003.

Der Konflikt im Kongo hat 5,4 Millionen Menschenleben gefordert und ist bis heute direkte oder indirekte Ursache für 1.000 bis 1.500 Todesfälle pro Tag, so das International Rescue

Committee (IRC).[15] Die überwältigende Mehrheit wurde nicht in Kampfhandlungen getötet, sondern starb an Unterernährung und Krankheiten, die eine direkte Folge des Krieges sind. Millionen von Menschen, die während des Krieges auf der Flucht waren, hatten jahrelang kein sauberes Trinkwasser zur Verfügung und keinen Zugang zu Medikamenten und Gesundheitseinrichtungen. Beinahe die Hälfte aller Todesopfer sind Kinder unter fünf Jahren. Der fehlende Schulunterricht wird langfristig zu verheerenden Auswirkungen führen.

Das IRC ist der Meinung, dass wir es hier mit der weltweit schlimmsten Katastrophe seit dem Zweiten Weltkrieg zu tun haben. Lange haben die Medien über das Furchtbare, das dort geschah, schamhaft geschwiegen.

Die Wurzeln des Krieges

Es ist wichtig, zu erkennen, dass man die Wurzeln dieses Krieges nicht nur in ethischen oder politischen Gegensätzen sehen kann. Die Gier ist hier die vielleicht stärkste Triebkraft. Eine Untersuchungskommission der Vereinten Nationen klagte 2001 Ruanda, Uganda und Simbabwe an, den Krieg absichtlich weiter voranzutreiben, damit man so viele Reichtümer wie möglich aus den reichen Ressourcen des östlichen Kongo gewinnen könne. Im Herbst 2003 stellten die Vereinten Nationen Ruanda und Uganda ins Rampenlicht, die – so die Weltorganisation – fortge-

---

[15] Das International Rescue Committee (IRC) ist eine internationale Hilfsorganisation für Flüchtlinge und Kriegsopfer. Es verleiht jährlich den Freedom Award. Das IRC wurde 1933 auf Vorschlag von Albert Einstein gegründet, um Flüchtlingen vor dem Naziregime zu helfen. Heute unterstützt es einerseits Flüchtlinge in den USA im Rahmen des US-amerikanischen Flüchtlingsansiedlungsprogramms, andererseits ist es in Krisengebieten weltweit aktiv. Insgesamt arbeitet das IRC in über 40 Staaten (Stand 2012) (Quelle: Wikipedia/IRC).

setzt die Bodenschätze des Kongo ausbeuteten und Waffen an die Rebellengruppen im Land schickten.

Wieder einmal – der Reichtum des Kongo wurde zum Fluch für die Bevölkerung. Skrupellose Akteure auf unterschiedlichen Ebenen, einheimische und ausländische, zögerten nicht, Öl ins Feuer zu gießen, damit man die natürlichen Ressourcen des Landes an sich raffen konnte, während andere versuchten, die Brände zu löschen. Indem sie das Land destabilisierten, öffneten die Machtstrategen unter hohem Risiko die Türen für einen illegalen Transport der Mineralien und anderer Naturressourcen. Kurz gesagt, für Diebstahl und lohnenden Schmuggel.

Eine Expertenkommission, eingesetzt vom Weltsicherheitsrat, führte in einem Bericht vom 16. Oktober 2002 schwere Anklagepunkte auf. Dort ist die Rede davon, wie internationale Bergbaukonzerne durch Krieg, Plünderung und Korruption große Summen verdient haben. Der Bericht sagt auch, dass die Konzerne zur Finanzierung krimineller Netzwerke beigetragen haben »und damit direkt oder indirekt zum laufenden Konflikt und dem Bruch der Menschenrechte beigetragen haben«.[16] Im Bericht werden vor allem große Bergbaukonzerne in England, den USA und Kanada sowie ihre Niederlassungen in Ruanda und Uganda namentlich erwähnt.

Friedensprozesse

Friedensprozesse kamen bereits während eines frühen Stadiums des Krieges in Gang, waren aber zunächst wenig erfolgreich. Präsident Kabila wurde in diesem Zusammenhang als ein Bremsklotz betrachtet. Sein Wille zur Zusammenarbeit war mi-

---

[16] Final Report of the Panel of Experts on the Illegal Exploitation of Natural Ressources and Other Forms of Wealth of the Democratic Republic of the Congo.

nimal. Im Januar 2004 wurde er von seiner eigenen Leibwache ermordet, und nur wenige trauerten im hinterher.

Auf Laurent Kabila folgte dessen Sohn Joseph Kabila. Die Erwartungen, die man auf ihn setzte, waren nicht wirklich groß. Darum war es eine positive Überraschung, als er in der Regierung seines Vaters aufräumte, politische Parteien zuließ und zudem auch noch Kontakt zu den Rebellen aufnahm. Die streitenden Parteien begannen, sich von den Frontlinien zurückzuziehen.

Dennoch war es äußerst schwierig, zu etwas zu kommen, das nun wirklich wie ein Friedensabkommen aussah. Der theoretische Schlusspunkt für den »afrikanischen Weltkrieg« wurde im Frühjahr 2003 mit dem »Abkommen von Pretoria« gesetzt, das allen politischen Kräften im Land einen Platz in einem Zweikammerparlament garantierte. Joseph Kabila bildete eine Übergangsregierung, in Erwartung der ersten freien und demokratischen Wahl des Landes.

Im Osten des Landes setzte sich die angespannte Lage fort, und Unruhen waren ein Teil des Alltags. Die Gewalt war wie ein Vulkan, der unter der Erde grollte und immer wieder an den verschiedensten Stellen ausbrach. Der selbsternannte General Laurent Nkunda – dessen Geschichte mit der ruandischen Armee verknüpft war – und seine CNDP-Rebellen, marschierten im Mai 2004 auf Bukavu zu. Den UNO-Truppen gelang es nicht, die CNDP am Betreten der Stadt zu hindern, und die Regierungstruppen flohen. Ein Weg blutigen Terrors zog sich durch die Stadt. Die Rebellen machten sich unerhörter Übergriffe schuldig. Nach Gesprächen mit der Übergangsregierung und den Vereinten Nationen, die einige Tage andauerten, zog Laurent Nkunda seine Soldaten aus Bukavu und der näheren Umgebung ab. Daraufhin kehrten die Regierungssoldaten zurück.

Es kam auch zu Fraktionsstreitigkeiten innerhalb der kongolesischen Armee, und es existieren viele Berichte darüber, dass sich auch die Regierungstruppen in großem Umfang durch Terrorhandlungen, Vergewaltigungen und Plünderungen an der Zivilbevölkerung schuldig gemacht hatten. So lief der Friedensprozess weiterhin unsicher, und niemand wusste, wohin er sich entwickeln würde. Ständig neue Berichte über Unruhen und Zusammenstöße bedeuteten nichts Gutes. Deshalb war es so etwas wie ein Wunder, dass die Wahl im Sommer und Herbst 2006 durchgeführt werden konnte – es brauchte zwei Wahlgänge, ehe die Position Joseph Kabilas als gewählter Präsident gesichert war. Im zweiten Wahlgang, am 29. Oktober, bekam er 58 Prozent der Stimmen und sein Hauptwidersacher, Jean-Pierre Bemba, bekannte sich als Wahlverlierer.

Kann daraus ein Friede entstehen, der hält und zwar auf lange Sicht? Kann der Baum der Demokratie moralisch integer aus der blutbesudelten Erde des Kongo herauswachsen und Früchte tragen, von denen auch die normalen mittellosen Kongolesen einen Nutzen haben? Das weiß niemand.

»Während der letzten 18 Monate haben sowohl die Rebellen Laurent Nkundas, Kräfte der FDLR, als auch die kongolesische Armee selbst, in den östlichen Teilen der Demokratischen Republik Kongo Massaker begangen, junge Mädchen, Mütter und ältere Frauen Vergewaltigungen ausgesetzt, Zivilisten und Kindersoldaten zwangsrekrutiert, und sich vieler anderer Übergriffe und allgemeiner Verletzungen der Menschenrechte schuldig gemacht.«

Resolution des Europäischen Parlaments über Nord-Kivu, vom 21. Februar 2008

»Ruandas Handlanger im Ost-Kongo«

Auch im Herbst 2008 agierten im Regenwald des Ost-Kongo immer noch Milizen, und das Alltagsleben der Dorfbewohner wurde in vieler Hinsicht von der Angst vor Übergriffen und regelrechten Kriegshandlungen geprägt. Laurent Nkundas Tutsi-

Rebellen, die kongolesische Armee und die FDLR waren dabei die Hauptakteure.

Das, was die Lage ganz besonders ernst werden ließ, war, dass General Laurent Nkunda nicht einfach als einzelner, isolierter Kriegsherr mit seinen eigenen Plänen angesehen werden konnte. Viele Beobachter sahen in ihm ein Werkzeug von Ruandas Präsident Paul Kagame, dessen Bestreben es zu sein schien, Nord-Kivu und Teile Süd-Kivus zu kontrollieren. Vielleicht nicht durch eine regelrechte Besetzung, sondern indem er Laurent Nkunda genau das tun ließ, was dieser im Herbst 2008 tat. Das heißt, zuzuschlagen und die Kontrolle über strategische Teile der Region zu übernehmen, während die Regierung in Kinshasa die formale Hoheitsgewalt behalten durfte. Auf diese Weise konnte Ruanda über Stellvertreter seine Interessen wahren, ohne sich die Verurteilung der internationalen Gemeinschaft für eine wirkliche Besetzung einzuhandeln.

Am 31. Oktober 2008 schrieb die englische Zeitung *The Times*, im Zusammenhang mit Kämpfen außerhalb von Goma, über Laurent Nkunda: »Ohne die Unterstützung Kigalis könnte er nicht mehr länger überleben.« Die Zeitung stellte Laurent Nkunda und seine Armee ohne zu zögern als Handlanger Ruandas im Ost-Kongo dar, und sah in der Wahl des Zeitpunktes für die Aufnahme der Kampfhandlungen in Nord-Kivu eine clevere Strategie: »Als alle Welt ihre Augen auf die amerikanische Präsidentschaftswahl und die globale Wirtschaftskrise gerichtet hatte, gab er (Ruandas Präsident) seinem Stellvertreter grünes Licht, um deutlich zu machen, wer die stärksten Muskeln in der Region besaß.«

Die reguläre Armee des Kongo hatte dem nicht viel entgegenzusetzen. Frustrierte kongolesische Soldaten, unzureichend ausgerüstet, unregelmäßig bezahlt, hungrig und zurückgedrängt, stellten kaum einen ausreichenden Schutz für die Zivilbevölkerung Gomas dar. Stattdessen verursachten sie eine große Unruhe in der Stadt, indem sie plünderten und stahlen, was ihnen in die Finger kam.

Dieses Szenario wurde natürlich sowohl von Laurent Nkunda geleugnet, der hervorhob, dass er einzig und allein die stark bedrohte Minderheit der Tutsis beschützen wollte, die es im Kongo gab, wie auch von der politischen Führung Ruandas, mit dem Präsidenten an der Spitze.

Aber im Dezember 2008 stellte eine Expertengruppe der Vereinten Nationen in ihrem Bericht fest, dass Laurent Nkundas CNDP-Rebellen materielle und finanzielle Unterstützung aus Ruanda bekamen. Ebenfalls konnte man in dem Bericht lesen, dass eine Reihe internationaler Bergbaukonzerne, die große wirtschaftliche Interessen in der Region hatten, mit Ruanda und der CNDP zusammenarbeiteten. Dieser Bericht brachte unter anderem Schweden dazu, die Auszahlung von Geldern zur Unterstützung des Haushaltes von Ruanda einzufrieren.

Die politischen Führer der westlichen Welt haben aus guten Gründen ein schlechtes Gewissen, weil nichts unternommen wurde, als das Hutu-Regime in Kigali 1994 einen Völkermord an den Tutsis und den Hutus, die sich weigerten, an diesem Blutbad teilzunehmen, initiierte. Im Eifer der Kompensierung hat man Ruandas wirtschaftliche Entwicklung kräftig unterstützt, ohne dabei weiter auf die Fragen nach Demokratie und Menschenrechten einzugehen. Und das wirtschaftliche und politische Spiel im Ost-Kongo konnte weiterhin ungestört vor sich gehen.

Ein ereignisreicher Monat

Das politische Spiel in der Region zeichnete sich durch schnelle und zuweilen auch überraschende Bewegungen aus. Daher ist die künftige Entwicklung nur schwer vorherzusagen. So wurde der Januar 2009 zu einem ereignisreichen Monat im Ost-Kongo.

Am 16. Januar schlossen neun höhere Befehlshaber der Rebellengruppe CNDP ein Abkommen über eine Waffenruhe mit den

Regierungstruppen. Dies geschah bei einem Treffen in Goma, in der Anwesenheit des kongolesischen Innenministers und ranghoher Vertreter der ruandischen Armee. Dass diese Abmachung ohne Laurent Nkunda getroffen wurde, kann als sichtbarer Beweis für die Zersplitterung innerhalb der CNDP angesehen werden, die zu dieser Zeit im Gang war.

Einige Tage später berichtete die Nachrichtenagentur AFP, dass ungefähr 4.000 ruandische Soldaten in den Ost-Kongo gekommen waren. Zusammen mit der kongolesischen Armee nahmen sie die Jagd auf die Hutu-Miliz FDLR auf, die solange die Zivilbevölkerung in der Region gequält hatte. Die gemeinsame Aktion der beiden Staaten war eine große Überraschung, auch wenn sich später die diplomatischen Beziehungen zwischen Ruanda und dem Kongo verbesserten.

Es zeigte sich sehr schnell, dass nicht nur die FDLR Ziel der gemeinsamen Aktion der beiden Regierungsarmeen war. Man war auch auf der Jagd nach dem Rebellenführer Laurent Nkunda. Am 22. Januar wurde er bei der Flucht aus seiner Festung in der Grenzstadt Bunagana nach Ruanda aufgegriffen.

Während diese Zeilen hier geschrieben werden – es ist Anfang Februar (2009) – ist es nahezu unmöglich, mit Gewissheit darauf eine Antwort zu geben, was zu dieser neuen Marschrichtung in der Geschichte des Kongo geführt hat, zu wissen, wohin die Reise nun geht.

Wurde Laurent Nkunda zu einer Belastung für die Regierung in Ruanda, seitdem er nicht nur Goma und seine Umgebung terrorisiert und eingeschüchtert hat, sondern auch der Zentralregierung in Kinshasa die Faust gezeigt und damit gedroht hat, die Herrschaft über das Land zu übernehmen? Oder hat die Welt zu viel hineininterpretiert in die Beziehung von Präsident Paul Kagame zur CNDP?

Die Jagd auf die Hutu-Milizen in den Wäldern des Kongo kann zu fortdauernden und letztendlich noch größeren Leiden der Zivilbevölkerung führen. Die Hoffnungen richten sich natürlich darauf, dass die FDLR ihre Waffen niederlegt und dem Frieden in dieser Gegend eine Chance gibt.

Es ist an der Zeit dafür. Es ist höchste Zeit. Aber nichts ist sicher, bevor man es nicht in der Hand hält. Am wenigsten der Frieden im Ost-Kongo.

DER WEITERE WEG

» Es fällt schwer, die aus medizinischer Sicht geheilten Frauen auf die Straße zu setzen, wenn sie keinen Ort haben, zu dem sie gehen könnten«, sagt Denis Mukwege.

Deshalb freut er sich über Dorkas, das Frauenzentrum, das die Cepac und PMU InterLife mithilfe von finanzieller Unterstützung aus Schweden betreiben. Ermöglicht wurde das Zentrum durch die erfolgreiche Juli-Sammlung 2006, zu der Pfingstgemeinden, Second Hand Läden und einzelne Menschen aus dem ganzen Land beigetragen haben.

Es ist nicht nur so, dass operierte und kurierte Frauen sich auf den Weg zu Dorkas machen können – von dort geht der Weg weiter, zurück in ein neues Leben, ein Leben nach der Erniedrigung. Jener Erniedrigung, die nicht nur darin besteht, brutal vergewaltigt worden zu sein, sondern auch darin, ausgestoßen, verstoßen und seelisch gequält worden zu sein, weil die Schuld für das Verbrechen der Männer den Frauen aufgebürdet wird, und die Umwelt das Urteil über sie fällt. Nicht über die Verbrecher. Nach Dorkas zu kommen, das gleich neben dem Panzi-Krankenhaus liegt, ist so, als würde man eine friedvolle und zugleich lebendige Oase erreichen.

Friedvoll, weil hier alle in Sicherheit leben, und das merkt man der Atmosphäre an. Hier braucht niemand Angst zu haben.

Lebendig, weil die Kinder hier herumlaufen, und weil aus den Mündern von Frauen, die vor dem Haus Batikarbeiten verrichten oder das Essen zubereiten oder die einfach nur in kleinen Gruppen zusammensitzen und -stehen und miteinander reden, fröhliches Lachen zu hören ist.

Die Frauen haben einen gemeinsamen Hintergrund. Aber hier können sie eine Tür erkennen, die in Richtung Zukunft einen Spalt weit geöffnet ist, und durch diesen Spalt fällt Licht in die dunkle Kammer ihrer bitteren Erfahrungen. Vielleicht nicht unmittelbar, aber nach und nach wird die Dunkelheit hinausgedrängt. Die Lust zu leben, beginnt zu keimen und zu wachsen. Das Lachen in der Gesellschaft der Schwestern, die auch an diesem Unglück zu tragen haben, trocknet die Tränen.

Das Zentrum all dessen ist die Leiterin des Projektes, Zawadi Nabintu. Oder Mama Zawadi, wie alle sagen. Eine Mutter, die für die verletzten Frauen da ist, die zuhört und zuspricht, guten Rat gibt und dafür sorgt, dass alles funktioniert.

»Unser Ziel ist es, dass diese Frauen hier zu Selbstversorgern werden«, sagt Mama Zawadi. »Aber wir machen ihnen auch bewusst, was es mit den Rechten der Frauen und Kinder auf sich hat; wir weisen auf die Bedeutung hin, die die Registrierung ihrer Kinder hat, und wir reden viel über Vergebung und Versöhnung.«

Innerhalb der sicheren Mauern des Frauenhauses gibt es viel Freude aber auch viel Kummer, das wird mir aus dem Gespräch mit Mama Zawadi klar. Eine Sorge betrifft die mit HIV infizierten Frauen, die hierher kommen. Natürlich erhalten sie Hilfe vom Krankenhaus, aber sie sind erschöpft und psychisch am Ende. Ihre Zukunft sieht düster aus. Und dennoch, wo könnten sie es besser haben als hier?

Zukunftshoffnung schaffen

Dorkas fungiert aber nicht nur als eine Zuflucht für Ausgesetzte, sondern auch als Schule für Erwachsene. Im größten Klassenzimmer geht es um die Alphabetisierung. Dorffrauen, die niemals zur Schule gehen konnten, lernen hier lesen und schreiben. Das ist etwas Neues für sie, und das ist etwas Großartiges. Denn es spricht davon, dass sie eine Menschenwürde besitzen und dass sie Teil der Gesellschaft werden können.

In den Räumen von Dorkas finden auch andere Kurse statt. Auf dem Stundenplan stehen Zuschneiden und Nähen, Sticken und Stricken, Backen und Kochen, Reinigen und Herstellen von Batiken, das Herstellen von Seife. Und man lernt hier, wie ein Mikrokredit funktioniert. Diese Kleindarlehen sind die Tür in die Wirklichkeit, die sich außerhalb der Oase Dorkas befindet. Wenn die Frauen gelernt haben, etwas herzustellen, dann lernen sie, ihr Produkt zu verkaufen und ein eigenes Gewerbe zu betreiben. Auf diese Weise können auch diejenigen, die von ihren Männern oder aus ihrem alten sozialen Umfeld verstoßen wurden, neu anfangen und sich selbst und ihre Kinder versorgen.

»Man braucht nicht betteln zu gehen und von anderen abhängig zu sein. Hier in Dorkas betonen wir ganz besonders den Wert, den es hat, selber klar zu kommen. Wir wollen die Einstellung beeinflussen und Zukunftshoffnung schaffen«, sagt Mama Zawadi.

Sie erzählt, wie eine Ausbildung – auch eine einfache – den Status der Frauen verändern kann.

»Wenn der Ehemann einer vergewaltigten Frau sieht, dass sie eine Ausbildung hat und für das Einkommen sorgen kann, dann ist es gar nicht ungewöhnlich, dass er bereit ist, die verstoßene Ehefrau wieder aufzunehmen. In unserer Kultur ist es nicht üblich, dass die Frau nur die Aufgaben im Haus erledigt, sie ist auch diejenige, die für das Brennholz sorgt und in der Landwirtschaft arbeitet. Wenn

eine Frau diese Art von schwerer Arbeit nicht mehr erledigen kann,
und das ist ja bei vielen so, die brutale Vergewaltigungen erlitten
haben und operiert werden mussten, dann steht sie in den Augen
des Mannes und der Verwandtschaft als wertlos dar. Aber wenn sie
Waren herstellen und ein eigenes Gewerbe betreiben kann, das für
Einkommen sorgt, dann sieht die Sache anders aus. Die Vergewal-
tigte erhält dann ihren verlorenen Status zurück.«

Die Frauen, die in Dorkas eine Ausbildung erhalten haben und
in ihre Heimatorte zurückkehren oder irgendwo anders hin-
ziehen, organisieren sich in lokalen Gruppen und wählen eine
Vorsitzende. Das erleichtert es Dorkas, weiterhin mit ihnen in
Kontakt zu bleiben – etwas, das Mama Zawadi als sehr wichtig
ansieht. Die Arbeit ist auf lange Sicht angelegt. Und die Kennt-
nisse werden sich verbreiten.

»Wir wollen, dass die Frauen, die unsere Kurse besucht haben, wei-
tergeben, was sie gelernt haben. Das trägt zur Entwicklung unseres
Landes bei. Und das ist auch eine Möglichkeit, die Einstellungen
draußen in den Dörfern zu beeinflussen. Wenn man dort sieht, dass
die vergewaltigten Frauen, die zurückgekommen sind, tüchtig sind
und Unternehmungsgeist besitzen, dann weckt das den Respekt
und verändert den Blick auf sie.«

Dorkas ist ein Projekt, bei dem nicht alles fix und fertig vorhanden ist, sondern das sich von den Bedürfnissen her entwickelt.
So begann man dort Ende 2008 zum Beispiel mit einer Vorschul-
arbeit, die es den Müttern leichter machte, sich auf ihre Ausbildung zu konzentrieren und eine Zukunft vorzubereiten. Und
Mama Zawadi denkt noch weiter, an die Zukunft der Kinder.

»Ich möchte noch mehr für die Kinder der vergewaltigten Frauen
tun. Eine Frau kann zehn Kinder haben, und keines davon geht zur
Schule. Was wird dann aus ihnen in der Zukunft werden? Es ist
einfach, zu sagen, dass sie sich dann nur auf der Straße herumtrei-

ben und zu Gangstern werden. Meine Hoffnung ist, dass wir in Zukunft zumindest einigen Kindern in jeder Familie helfen können, in die Schule zu gehen.«

Am größten ist der Bedarf bei den Kindern, die das Ergebnis einer Vergewaltigung sind.

»Für gewöhnlich rate ich den Müttern dieser Kinder, ihnen nicht zu erzählen, woher sie stammen«, sagt Mama Zawadi, obwohl sie sich bewusst ist, dass das nicht immer so leicht zu verheimlichen ist. »Wenn sie in einem Umfeld aufwachsen, in dem man weiß, dass sie die Frucht einer Vergewaltigung durch fremde Soldaten sind, bekommen die Menschen Angst vor ihnen, man wird sie dann verabscheuen oder ausstoßen. Hier liegt eine zukünftige tickende Zeitbombe, befürchte ich.«

Eine der Mütter, denen ich in Dorkas begegne, ist selbst noch fast ein Kind. Ndembo Mary, 15 Jahre alt, wurde als 13-jährige Schülerin vergewaltigt. Das Ergebnis ist ein Sohn, bei dem es ihr sehr schwer fiel, ihn anzunehmen und ihn zu lieben wie ein eigenes Kind, erzählt Mama Zawadi.

Aber sie hat Hilfe bekommen; zu dem Projekt gehört auch ein Psychologe, der dort arbeitet, und das Kind erhielt Betreuung, sodass Ndembo Mary sich darauf konzentrieren konnte, wieder mit der Schule zu beginnen. »Das ist wichtig«, sagt Mama Zawadi. »Die Schule ist wichtig, wenn man erst 15 Jahre alt ist. Mama oder nicht Mama.«

So sieht es in Dorkas aus. Der Bedarf ist groß und vielfältig. Die Unterstützung der Frauen muss daher ganz viele verschiedene Formen annehmen.

Eine derjenigen, die mithilfe der Ausbildung durch Mikrokredite durchstarten konnte, ist Lubanzamo Eva, vergewaltigt und von ihrem Mann verstoßen, und immer noch geschwächt durch die Operationen, die sie über sich ergehen lassen musste, um die Kontrolle über ihre Körperfunktionen wiederzuerlangen.

Nun besitzt Lubanzamo Eva einen kleinen Laden an der Straße, in dem sie Brot verkauft, das sie gebacken und Decken, die sie gehäkelt hat.

»Ich weiß nicht, was aus mir geworden wäre, wenn es Dorkas nicht gäbe«, sagt sie mit einem schüchternen Lächeln.

»EIN BEISPIEL FÜR EINE GEGLÜCKTE UNTERSTÜTZUNG«

Ein Interview mit der schwedischen Entwicklungshilfeministerin
Gunilla Carlsson

Ein Grad Lufttemperatur und kalter Januarregen über dem Gustav Adolf Platz in Stockholm. Das ist alles so weit weg von Afrika, wie man es sich nur vorstellen kann.

Ich bin auf dem Weg zu Entwicklungshilfeministerin Gunilla Carlsson, um mit ihr ein Interview über die Frauen im Kongo und das Projekt im Panzi-Krankenhaus in Bukavu zu führen.

Gunilla Carlsson ist dort gewesen. Sie hat die Arbeit von Doktor Denis Mukwege gesehen. Sie hat gesehen, was Unterstützung für einige der gefährdetsten Menschen auf unserer Erde bedeuten kann.

Ich komme zu früh und muss noch eine Zeitlang in der Eingangshalle des Außenministeriums, mit ihren schweren Säulen und dem kalten Steinfußboden, warten. Sparsam dringt das Licht durch die beiden Fenster, die zum Garten hinausgehen, und von der Rezeption, die in Richtung des Platzes liegt. Ein runder, dunkelbrauner Tisch und vier schöne, mit Schnitzereien versehene Stühle, bilden das Mobiliar.

Dort werde ich vom Pressesekretär abgeholt, der mich durch verschlungene Korridore in einen Konferenzraum führt, der ganz andere Signale aussendet, als der Raum, in dem ich vorher gewartet habe. Die Wände sind hell, ein mattes Blau, der längliche Tisch aus Birkenholz. Das obligatorische Whiteboard hängt an einer Längswand, eine Weltkarte an der anderen. An der Querwand neben der Tür, hängt ein Porträt von Arvid Lindman. »Minister für die äußeren Belange des Reiches 1917« steht auf dem Rahmen unter seinem Namen. Lindman ist mit Orden behängt und sieht streng aus.

Die Entwicklungshilfeministerin kommt herein, und ist außer Atem – da liegt so viel an jetzt, mit Gaza und allem anderen; sie grüßt mich freundlich und setzt sich neben einen Laptop, der geöffnet auf dem Tisch steht. Sie will Bilder von ihrem Besuch im Panzi-Krankenhaus in Bukavu zeigen. Da steht sie mit Doktor Denis Mukwege, da erzählen ihr Frauen von ihren grausamen Erfahrungen, da hören sie aufmerksam zu, als sie eine politische Rede hält.

Der Eindruck hat nicht getäuscht. Gunilla Carlsson engagiert sich.

»Das, was ich im Panzi-Krankenhaus gesehen habe, ist ein Beispiel für gelungene Unterstützung. Hier sehen wir das Ergebnis des langen und beharrlichen Engagements der Pfingstmission, dieses fantastischen Arztes, und von Sida, die sich gemeinsam mit ECHO an der Finanzierung beteiligt. Wir sind stolz darauf, dies gemeinsam mit PMU InterLife zu machen. Und nun ist das Projekt ja in aller Munde, dank der zahlreichen Auszeichnungen, die Doktor Denis Mukwege erhalten hat.«

Über ihre Begegnung mit den vergewaltigten Frauen, die im Rahmen dieses Projektes eine Rehabilitation erfahren, erzählt die Entwicklungshilfeministerin voller Enthusiasmus.

»Ja, ihre Lebensgeschichten sind furchtbar und erschütternd, aber die Stärke der Frauen und Kinder, die ich traf, war beeindruckend.«

Sie erzählt, wie sie gesungen, wie sie gelacht haben, und von ihren Handarbeiten – die Ministerin zeigt auf einen schönen Korb, der in dem Raum, in dem wir sitzen, einen Ehrenplatz bekommen hat; ein Geschenk, das man ihr bei ihrem Besuch überreicht hat – und wie die jungen Frauen ihren Kindern, die das Ergebnis eines Übergriffes sind, Namen gegeben haben, die voller Licht und Hoffnung sind.

»Warum?«, frage ich. »Warum diese sexuelle Gewalt gegen Frauen?«

»Wir haben das schon vorher gesehen, an anderen Orten«, antwortet sie.

> *»Aber hier im Ost-Kongo ist das Ausmaß der systematischen sexuellen Gewalt unfassbar groß. Das, was dort geschieht, habe ich als Völkermord im Blick auf die Fortpflanzungsfähigkeit der Frauen bezeichnet. Vergewaltigungen dieser Art sind kein Ausdruck der Sexualität, sie stellen eher eine Kränkung der Sexualität dar. Und das, was Doktor Mukwege bei seiner Arbeit zu sehen bekommt, ist ja nur die Spitze eines Eisbergs. Der Zustrom an Patienten nimmt eher zu, als das er kleiner wird. Und eine große Zahl von Frauen kommen ja erst gar nicht in eine Klinik, in der sie Hilfe bekommen.«*

Gunilla Carlsson ist der Meinung, dass es einen eindeutigen Zusammenhang gibt zwischen der sexuellen Gewalt im Ost-Kongo und der Stellung der Frau in der dortigen Gesellschaft.

> *»Sie haben aufgrund der Tradition eine schwache Stellung in diesem afrikanischen Schlüsselland. Mithilfe unserer Unterstützung wollen wir die Stellung der Frau stärken. Dabei geht es nicht um einen Kulturimperialismus, sondern um die Menschenrechte. In unserer Entwicklungsstrategie sehen wir die Frauen nicht nur als Opfer, sondern wir haben auch die Voraussetzungen im Blick, die sie haben, um sich im Bereich der Wirtschaft und der Politik zu engagieren. Eine solche Teilhabe verschafft nämlich Respekt. Aus diesem Grund wollen wir die Resolution 1325 des UN-Sicherheitsrates zu den Frauen, zu Frieden und Sicherheit in der praktischen Entwicklungszusammenarbeit umsetzen.«[17]*

---

[17] Die UN-Resolution 1325 wurde am 31. Oktober 2000 vom Sicherheitsrat

In der UN-Resolution 1325 heißt es unter anderem, dass Frauen bei der Lösung von Konflikten und der Friedenskonsolidierung in vollem Umfang beteiligt sein sollen, da dies zur Demokratie und zum Respekt vor den Menschenrechten beitrage. Schweden hat im Juni 2006 einen Aktionsplan zur Umsetzung der Resolution 1325, sowohl auf nationaler wie auf internationaler Ebene, angenommen.[18]

»Frieden und Sicherheit sind heute in höchstem Maße eine Frauenfrage, da es zumeist Frauen sind, die sich in der Gefahrenzone befinden. Im Kongo haben die vergewaltigen Frauen keinen Zugang zur Rechtssprechung. Niemand bestraft dort denjenigen, der den Übergriff begeht. Das ist eine überaus große Kränkung, sie erhöht den Grad der Erniedrigung«, sagt die Entwicklungshilfeministerin.

Denis Mukwege, der leitende Arzt des Panzi-Krankenhauses, hat sich sehr kritisch darüber geäußert, dass die Welt sich im Blick auf die Situation im Ost-Kongo, und dazu zählt sicherlich auch die brutale sexuelle Gewalt, in Schweigen gehüllt hat. Warum wurde so lange geschwiegen?

> »Nirgendwo wird dieses Problem deutlicher und grotesker illustriert, als im Kongo, wo Hunderttausende von Frauen in den letzten zehn Jahren vergewaltigt, geschlagen und versklavt oder getötet worden sind, während im gleichen Zeitraum kaum jemand dafür bestraft worden ist.«

Äußerung der UN-Menschenrechtskommissarin Navi Pillay über die Gewalt gegen Frauen in der Konfliktzone

---

der Vereinten Nationen einstimmig verabschiedet. Mit der Resolution 1325 fordert der UN-Sicherheitsrat die UN-Mitgliedstaaten auf, für eine stärkere Beteiligung von Frauen auf allen Ebenen der institutionellen Verhütung, Bewältigung und Beilegung von Konflikten Sorge zu tragen. Im Umfeld von 1325 sind viele zivilgesellschaftliche Initiativen entstanden, die das Ziel verfolgen, diese Resolution mit Leben zu füllen und für ihre Umsetzung zu sorgen.

[18] In Deutschland gibt es einen solchen Aktionsplan bislang nicht.

Gunilla Carlsson hat auf diese Frage keine einfache, schnelle Antwort. Sie hat Verständnis für die Enttäuschung Mukweges, dass das Problem der humanitären Krise im Kongo und der Einsatz von Vergewaltigungen als eine Waffe in diesem Konflikt, keine ausreichende Aufmerksamkeit bekommen haben. Die dortige sexuelle Gewalt ist nicht nur für die Frauen zerstörerisch, sondern auch für kommende Generationen, sie ist ein furchtbarer Übergriff.

Sie spricht davon, wie die Menschenwürde aufgrund des Krieges immer stärker ausgehöhlt wird. Und dass es schwer fällt, sich das Furchtbare, das im Kongo geschehen ist und noch geschieht, klar zu machen. Aber aus der Perspektive der Entwicklungshilfe geht es dabei auch noch um eine andere Sache.

»Sex hat mit Gefühlen zu tun. Aber wir müssen es wagen, über Macht und Einfluss zu reden, und damit auch automatisch über Sexualität. In diesem Bereich herrscht Schweigen. Der Umgang mit der unversehrten Fortpflanzungsfähigkeit und mit den sexuellen Rechten ist ein zu wenig beachteter Bereich in der Entwicklungszusammenarbeit, denn das erfordert Normen, und das wiederum provoziert die Nadelstreifen tragenden Herren bei den Treffen der EU.

In den Analysen und in der Entwicklungszusammenarbeit muss die Perspektive des Einflusses von Frauen wesentlich stärker in den Blick kommen. Aber es ist beispielsweise einfacher, Mittel für die Resozialisierung von Kindersoldaten zu bekommen, als für den Kampf gegen die sexuelle Gewalt.

Das Millenniumsziel, das am wenigsten vorankommt, ist das, in dem es um die Fürsorge für Mütter geht. Und das, obwohl wir wissen, dass die Hauptursache für ein mangelhaftes wirtschaftliches Wachstum, Frauen sind, die im Zusammenhang mit Schwangerschaft und Entbindung zu Schaden gekommen sind. Sie müssen von ihren Töchtern gepflegt werden und das Land verliert Arbeitskräfte.«

Die schwedische Pfingstmission begann im Jahr 1921 mit ihrer Arbeit im Ost-Kongo. Das Ergebnis dieser Arbeit ist eine nationale Gemeinschaftsbewegung, die Cepac, der zirka 700.000 Mitglieder angehören. Welche Rolle kann eine solche Bewegung im Streben nach dem Aufbau eines langfristigen Friedens spielen?

»Die Cepac bietet große Möglichkeiten. Zivile Bewegungen, die breit aufgestellt sind und viele Menschen mit einschließen, sind von großer Bedeutung, das haben wir schon an anderen Orten gesehen. Und ich glaube, dass heute ein Nachdenken im Kongo eingesetzt hat und man sich darüber im Klaren ist, dass man einen Nutzen aus den zivilen Organisationen ziehen will. Deshalb müssen wir uns als große Geber darüber Gedanken machen, wie wir Freiwilligenorganisationen mit ins Boot nehmen und sie an der Entwicklungszusammenarbeit teilhaben lassen können. Die moralische Bedeutung und die Leitung einer solchen religiösen Bewegung sind von großer Bedeutung. Im Rahmen der Mission benötigt man ja nicht einmal einen breiteren Ansatz, man kann damit fortfahren, Menschenwürde und Versöhnung zu predigen. Im Ost-Kongo hat es ungeheure Übergriffe gegeben – das erfordert nicht nur eine Rechtsprechung, sondern auch Vergebung, damit es weiter gehen kann.«

Dann kommt Gunilla Carlsson im Verlauf des Gespräches wieder auf das Panzi-Krankenhaus in Bukavu zu sprechen.

»Ich halte es für sehr erfreulich, dass die Pfingstmission hinter dieser Gesundheitseinrichtung steht. Ohne ideellen Einsatz hätte es dieses Krankenhaus niemals gegeben. Ich würde sagen, hier lässt sich ein Zusammenspiel von Idealismus, Mut und Unterstützung erkennen. Dass sich auch Doktor Denis Mukwege die Zeit nimmt und es schafft, hinauszugehen und die Lage im Ost-Kongo und die Situation der Frauen dort zu beschreiben, stellt ebenfalls einen unerhört wichtigen Bestandteil dieser Arbeit dar.«

Die Zeit für das Interview geht zu Ende. Andere Dinge stehen an. Aber ehe wir uns trennen, sagt mir die Entwicklungshilfeministerin:

»Das ist großartig, dass Sie ein Buch schreiben und uns die Geschichten der vergewaltigten Frauen weitergeben. Aber vergessen Sie nicht, auch die Hoffnung hervorzuheben. Die Frauen dürfen nicht nur als Opfer gesehen werden. Man findet so viel Kraft und Zukunftshoffnung bei ihnen, und dass muss auch sichtbar werden.«

»ICH WERDE NIE WIEDER HEIMISCH AUF DIESER WELT«[19]

Gespräche vor laufender Kamera und eine Begegnung,
die ich nie vergessen werde

Ein Nachtrag von Susanne Babila

Walungu, eine Stadt in der Provinz Süd-Kivu im Nordosten des Kongo. Mitten im Zentrum, auf einem kleinen Hügel steht die Kirche der katholischen Gemeinde Sankt Bernadette. Im Innenhof des Anwesens liegt das Gemeindebüro. Dunkelblaue Bougainville zieren die kargen Mauern, im Schatten kauern einige Frauen, völlig erschöpft vom langen Fußmarsch aus ihren entlegenen Dörfern. Dort lernte ich vor fünf Jahren Ntakobajira M'Bisimwa und ihre beiden Kinder kennen. Sie war dreißig, ihre Tochter Mbilizi fünf, ihr Sohn noch keine zwei Jahre alt. Ntakobajira war damals so erschöpft, dass sie sich kaum auf den Beinen halten konnte. Sie war blass und mager, ihre Augen verzweifelt und müde. Tagelang hatte sie sich mit ihren Kindern durch den Dschungel geschleppt, entfloh den Folterern, die sie monatelang in einem Rebellenlager vergewaltigt, gequält und missbraucht hatten. Die kleine Mbilizi war völlig verstört und trug die letzten Habseligkeiten auf dem Rücken. Der Junge weinte unaufhörlich, nur im Arm der Mutter konnte er sich beruhigen. Diese erste Begegnung werde ich nie mehr vergessen.

---

[19] Der Text entstand Ende 2012.

Ntakobajira war damals auf dem Weg in die Provinzhauptstadt Bukavu, ins Panzi-Krankenhaus. Dort angekommen, trafen wir den Leiter der Klinik, Dr. Denis Mukwege. Er ermöglichte mir und meinem Team, dem Kameramann Jürgen Killenberger und dem Tonmann Felix Hugenschmidt, in seinem Hospital zu drehen. So konnten wir Ntakobajira und einige andere Frauen journalistisch begleiten. Sein Mut, seine Bescheidenheit und Offenheit haben mich sehr beeindruckt. Er gehört zu den Menschen im Kongo, die sich für ihr Land einsetzen, für Frieden und Gerechtigkeit kämpfen. Obwohl er im Kongo ständig um sein Leben fürchten muss, hat er es abgelehnt nach Belgien auszuwandern und kämpft weiter an der Seite der Frauen wie Ntakobajira, die er täglich behandelt.

Ntakobajira wurde einige Wochen in der Klinik medizinisch versorgt. Diagnose: Schwere Traumatisierung und Entzündungen im Unterleib. In dieser Zeit redeten wir viel miteinander, sie erzählte von der Schmach und den Schmerzen, die Rebellen und Soldaten ihr zugefügt hatten. »Manchmal dreht sich alles in meinem Kopf, und ich glaube verrückt zu werden«, sagte sie.

Ihr Schicksal steht für das Schicksal unzähliger Frauen im Kongo. Denn seit 1996 sind nach UN-Angaben mindestens 200.000 Frauen und Mädchen vergewaltigt worden, die Dunkelziffer ist weitaus höher. Denn die meisten Frauen reden nicht über die Schande, verstecken sich in ihren Hütten, nehmen sich das Leben oder sterben an den Folgen der sexuellen Gewalt. Häufig sind die Opfer so schwer verletzt, dass sie nur durch mehrere chirurgische Eingriffe überleben. Doch in den entlegenen Dörfern gibt es weder Telefone noch Krankenwagen. Die Strapazen eines tagelangen Fußmarsches zu einer Gesundheitsstation oder einem Krankenhaus überleben sie nicht.

Ntakobajira M'Bisimwa sprach offen vor der Kamera über das Grauen, das sie erlebt hatte. Denn sie wollte, dass die Öffentlichkeit erfährt, was im fernen Nordosten des Kongo Frauen und Kindern widerfährt. Keiner solle mehr sagen können, er habe das nicht gewusst, sagte sie, und überwand ihre Angst, mit mir zu sprechen. Mit ihrem Mut hat Ntakobajira ein Denkmal gesetzt. Sie wollte nicht länger ein wehrloses Opfer sein, in einem Krieg, der mit perfiden Waffen geführt wird und sich gegen den intimsten Bereich im Menschen richtet. Das Ziel der Täter: Macht und Überlegenheit zu demonstrieren, den anderen zu erniedrigen und zu demütigen. Die Peiniger bleiben meist verschont, denn es herrscht chronische Straflosigkeit. Diejenigen, die sich für die gedemütigten Frauen einsetzten, leben gefährlich. So wie der Arzt und Menschenrechtler Denis Mukwege oder der ermordete kongolesische Journalist Serge Mashe. Häufig sind es Anwältinnen, Ärztinnen, Sozialarbeiterinnen, die sich für die Opfer einsetzen.

Ntakobajira kehrte nach einigen Wochen wieder in ihr Heimatdorf zurück, noch immer krank an Geist, Körper und Seele. Denn im Hospital Panzi wird jedes Bett benötigt für schwer verletzte Frauen. Friedensaktivist Denis Mukwege sagte mir einmal: »Das Schlimmste ist, dass wir sie gehen lassen müssen und nicht wissen, ob sie überleben werden.« Wir begleiteten Ntakobajira und die Kinder, bis der Weg in den unzugänglichen Dschungel führte. Ich habe nie wieder von ihr gehört. Es heißt, bei einem Überfall seien sie und ihre Kinder getötet worden.

Susanne Babila
ist Redakteurin und Moderatorin des Südwestrundfunks.

Anhang

FVV

Resozialisierung der Vergewaltigungsopfer

Der vollständige Name des Projektes, das am Panzi-Krankenhaus durchgeführt wird, um Frauen, die sexueller Gewalt in dem weiter anhaltenden Konflikt im Ost-Kongo ausgesetzt sind, zu helfen, lautet: Gynecological and Medical Treatment and Psycho-Social Assistence to Female Victims of Violence.[20] Oder in Kurzform: Female Victims of Violence, FVV.

Das Projekt wird von der Hilfsorganisation der schwedischen Pfingstgemeinden, PMU InterLife, verwaltet, und von der Hilfsorganisation der EU, ECHO, sowie von der Sida finanziert.

Abgesehen von Frauen, die von Milizionären oder Soldaten vergewaltigt wurden, behandelt man dort auch Patientinnen, die aufgrund des Konfliktes an anderen schweren gynäkologischen Problemen leiden. Dabei handelt es sich in erster Linie um Frauen, die bei komplizierten Entbindungen sonst keine medizinische Hilfe bekommen würden.

Das FVV-Projekt im Panzi-Krankenhaus in Bukavu begann am 1. Januar 2004 mit der Phase 1, die 18 Monate dauerte. Mittlerweile befindet sich das Projekt nun in der Phase 5.

Insgesamt arbeiten 63 Personen in diesem Projekt mit, von den Ärzten und Krankenschwestern bis zu Köchen und Wachpersonal.

---

[20] Gynäkologische und medizinische Behandlung und psychosoziale Unterstützung für weibliche Gewaltopfer.

Für den Zeitraum vom 1. Januar 2004 bis zum 30. September 2008 ergibt sich folgende Statistik:

- 16.915 Frauen und Kinder wurden im Rahmen des FVV behandelt.
- Davon waren 10.574 Vergewaltigungsopfer.
- Operationen – eine oder mehrere – waren in 4.098 Fällen notwendig.
- Die meisten Patientinnen, 54 Prozent, waren zwischen 21 und 45 Jahre alt. 2 Prozent waren Kinder unter 10 Jahren.

Den höchsten Anteil an Vergewaltigungsopfern gab es 2004, danach sank die Zahl, stieg aber während des Jahres 2008 wieder an. Im Folgenden die prozentuale Verteilung über die gesamte bisherige Laufzeit des Projektes:

2004 76,0 Prozent

2005 71,6 Prozent

2006 53,1 Prozent

2007 56,6 Prozent

2008 58,9 Prozent (einschließlich September)

Mittel für das Projekt:

Phase 1 (18 Mon.): 600.000 Euro. Finanzierung: ECHO 100%.

Phase 2 (12 Mon.): 575.000 Euro. Finanzierung: ECHO 100%.

Phase 3 (12 Mon.): 555.000 Euro. Finanzierung: ECHO 100%.

Phase 4 (12 Mon.): 633.000 Euro. Finanzierung: ECHO 100%.

Phase 5 (12 Mon.): 800.000 Euro. Finanzierung: ECHO 80%,

Sida 20%.

ECHO

Das European Commissions Humanitarian Aid Ddepartment der EU, ECHO, ist die Abteilung der EU für humanitäre Hilfsleistungen.[21] ECHO wurde 1992 gegründet, um dem Koordinationsbedarf innerhalb und zwischen den Institutionen der EU, aber auch zwischen der EU und anderen internationalen Akteuren zu begegnen.

Die EU ist der weltgrößte Geber im Blick auf humanitäre Hilfeleistungen. Das übergreifende Ziel dabei ist es, menschlichem Leiden vorzubeugen und es zu lindern. Die EU sieht in der humanitären Hilfe ein Schlüsselelement für die weltweite Politik. Das Engagement reicht zeitlich weit zurück, die Rahmenbedingungen wurden allerdings erst 1996 in einer Verordnung festgeschrieben.

In dieser Verordnung heißt es, dass die humanitäre Hilfe Opfer von Katastrophen und Konflikten außerhalb der EU helfen und schützen soll. Sie soll, ohne Ansehen der Rasse, der Religion, des Alters, des Geschlechts oder der politischen Ansichten, direkt an die Betroffenen gehen. Eine unabhängige Beurteilung der Bedürfnisse soll, entsprechend der Verordnung, dem Beschluss zur Hilfeleistung zugrunde liegen.

ECHO bietet den Opfern von Katastrophen, die durch lang anhaltende Konflikte verursacht worden sind, Hilfe, und organisiert Einsätze, um bei Katastrophen oder Bürgerkriegen Leben zu retten oder lebensnotwendige Funktionen aufrechtzuerhalten. Die Abteilung für humanitäre Hilfe der EU arbeitet auch mit Vorbeugungsprogrammen

---

[21] Seit 2010 arbeitet diese Abteilung der EU unter dem Namen Humanitarian Aid and Civil Protection department of the European Commission (ECHO).

und Vorbereitungen auf Notsituationen. ECHO organisiert aber auch Ausbildungen und bietet technische Unterstützung.

Die Einsätze werden in aller Regel von internationalen Hilfsorganisationen durchgeführt, zum Beispiel von untergeordneten Stellen der Vereinten Nationen oder Freiwilligen-Organisationen, so genannten NGO's (Non-Governmental Organisations/Nichtregierungsorganisationen). ECHO hat bislang mit ungefähr 200 europäischen Freiwilligen-Organisationen Partnerschaftsabkommen unterzeichnet. Darunter auch mit PMU InterLife.

Das Aufgabenspektrum von ECHO beschränkt sich nicht nur auf die Finanzierung. Bevor ein Projekt beginnt, erstellt die Abteilung für humanitäre Hilfe der EU auch Vorstudien, und sie überwacht zudem die laufenden Hilfsprojekte.

Kontrolle und Begleitung sind wichtige Arbeitsbereiche der Arbeit von ECHO. Eine spezielle Revisionseinheit kümmert sich um die Begleitung der Projekte, die von der Abteilung für humanitäre Hilfe finanziert werden. Diese Kontrollen werden sowohl draußen im Feld als auch in den Zentralen der mitarbeitenden Organisationen durchgeführt.

SIDA

Die schwedische Zentralbehörde für internationale Entwicklungs-zusammenarbeit, Sida[22], ist eine staatliche Einrichtung, die unter der Leitung des Außenministeriums steht.

Die Rahmenbedingungen für die Sida wurden vom Reichstag und der Regierung erstellt. Die Höhe der Hilfeleistungen und die Anzahl der Länder, mit denen Schweden zusammenarbeitet, wurden durch politische Beschlussfassung festgelegt, ebenso wie die Zielsetzung der Hilfe.

Schweden und die Sida hatten großen Anteil am Zustandekommen der Millenniums-Erklärung (2000) und der Pariser Erklärung (2005) der Vereinten Nationen. In der Millenniums-Erklärung ist eine Reihe von messbaren Zielen enthalten, um die Armut in der Welt zu verringern. In der Pariser Erklärung haben sich Geber- und Empfängerländer auf Richtlinien für eine effektivere Hilfe mit erkennbaren Ergebnissen geeinigt.

Im Dezember 2003 stimmte der schwedische Reichstag der Regierungsvorlage »Gemensamt ansvar – Sveriges politik för global utveckling«, PGU, zu.[23] Darin wurde ein übergreifendes Ziel für die Entwicklungszusammenarbeit formuliert. Die schwedischen Hilfeleistungen sollen dazu beitragen, den Menschen, die in Armut leben, die Voraussetzungen zu geben, ihr Leben zu verbessern. Indem Ungerechtigkeit

---

22 Styrelsen för internationellt utvecklingssamarbete.
23 »Gemeinsame Verantwortung – Schwedens Politik für eine globale Entwicklung«.

und Armut gemindert werden, sollen bessere Voraussetzungen für Entwicklung, Frieden und Sicherheit geschaffen werden.

Die PGU beinhaltet, dass die politischen Entscheidungen in allen betroffenen Gebieten zu einer gerechten und dauerhaften globalen Entwicklung beitragen, bei der die Rechte der Armen im Zentrum stehen. Die Entwicklungszusammenarbeit soll drei grundlegende Werte fördern: Demokratie, Menschenrechte und Gleichheit von Mann und Frau.

Im Jahr 2008 vermittelte die Sida 15,5 Milliarden Schwedische Kronen (ca. 1,5 Milliarden Euro), was ungefähr der Hälfte des Entwicklungshilfebudgets im Staatshaushalt entspricht. Andere wichtige Kanäle für die Entwicklungszusammenarbeit Schwedens sind das Außenministerium und der Swedfund.[24]

Aus den Mitteln der Sida flossen 1,3 Milliarden Kronen (ca. 130 Millionen Euro) an verschiedene Organisationen, die so genannte Unterstützung von Interessenorganisationen. Die Organisationen, die Mittel von der Sida für ihre Projekte bekommen, müssen einen Eigenanteil von 10 Prozent beisteuern.

Das Ziel, das Sida mit der Unterstützung verfolgt, ist die Förderung der Entwicklung einer lebensfähigen und demokratischen Zivilgesellschaft in den Empfängerländern und die Stärkung der Kooperationspartner im Süden.

Die Unterstützung der Entwicklungsarbeit der Interessenorganisationen zielt auch darauf ab, in Schweden selber das Wissen darüber zu verbreiten und den gesellschaftlichen Dialog über globale Entwicklungsfragen zu fördern.

---

[24] Beim Swedfund handelt es sich um eine Investment Gesellschaft, die dem schwedischen Staat gehört. Sie bietet Investoren Risikokapital, Expertisen und finanzielle Unterstützung für Investitionen, u. a. in den Ländern der Zwei-Drittel-Welt, an. Mit ihrer Arbeit steht sie gegenüber dem schwedischen Außenministerium in der Verantwortung. Ausdrücklich ausgenommen von jeglicher Unterstützung sind die Bereiche Waffen, Tabak und Alkohol (Quelle: www.swedfund.se).

PMU INTERLIFE

Die PMU InterLife, die das Projekt im Panzi-Krankenhaus in Bukavu, bei dem vergewaltigte Frauen wieder resozialisiert werden, verwaltet, ist die Hilfsorganisation der schwedischen Pfingstgemeinden. PMU steht dabei für Pingstmissionens utvecklingssamarbete (Entwicklungskooperation der Pfingstmission).

PMU InterLife, heute eine der größten Hilfsorganisationen Schwedens, wurde 1965 unter den Namen Svenska pingstmissionens U-landshjälp (Auslandshilfe der schwedischen Pfingstmission) gegründet. 1999 wurde der aktuelle Name eingeführt.

Die Organisation dient als Instrument der schwedischen Pfingstgemeinden für die diakonische Arbeit in Entwicklungsländern. Die Tätigkeit erfolgt in enger Zusammenarbeit mit den Schwesterkirchen und anderen lokalen Partnern. Das übergreifende Ziel ist es, Menschen, die in ärmlichen Verhältnissen leben, die Möglichkeit zu bieten, ihre Lebensumstände zu verbessern.

Seit 1980 hat PMU InterLife ein eigenes Rahmenabkommen mit Sida. Im Zeitraum von 2007-2009 bewilligte Sida der PMU 350 Millionen Kronen (ca. 35 Millionen Euro). Aber die Arbeit in den ca. 330 aktuellen Projekten in 65 Ländern wird auch mithilfe von Spenden und der Unterstützung durch Secondhand Läden in ganz Schweden betrieben sowie durch Finanzmittel der ECHO, der Entwicklungshilfeabteilung der EU.

Abgesehen von der langfristigen Entwicklungszusammenarbeit leistet PMU InterLife umfassende humanitäre Einsätze bei Naturkatastrophen, Krieg und Konflikten.

Zirka 40 Prozent der Projekte von PMU InterLife laufen in den Ländern Afrikas, südlich der Sahara. Der umfangreichste humanitäre Einsatz läuft gegenwärtig in Kongo-Kinshasa.

Nicht weniger als 46 Prozent der Entwicklungsprojekte von PMU InterLife sind dem Bereich der Ausbildung gewidmet. Dies spiegelt die Zielsetzung wider, Kompetenzen aufzubauen und die Kooperation zu entwickeln, damit die Menschen sich selbst aus ihrer Armut erheben können.

In vielen der Länder, in denen PMU InterLife Einsätze laufen hat, ist die schwedische Pfingstmission schon lange vor Ort tätig, und dort hat sich eine langfristige und gut funktionierende Zusammenarbeit mit den örtlichen Partnern entwickelt. Ein Beispiel dafür ist der Ostteil von Kongo-Kinshasa, wo die Resozialisierungsarbeit mit vergewaltigten Frauen durchgeführt wird. Im Jahr 1941 kam der erste schwedische Pfingstmissionar dorthin, und mit der Hilfe aus Schweden etablierte sich bald ein wachsendes Arbeitsfeld, das sowohl Ausbildungsgänge als auch Gesundheitspflege umfasste.

Dieses »Erbe« hat die Schwesterkirche, die lokale Gemeindebewegung Cepac, übernommen und weiterentwickelt – mit begleitender Unterstützung aus Schweden.

DIFÄM

Deutsches Institut für ärztliche Mission – Tübingen

Als bundesweite Fachstelle für Gesundheitsarbeit setzt sich das Difäm – Deutsches Institut für Ärztliche Mission e. V. – seit der Gründung im Jahr 1906 aktiv für die Gesundheit in der Einen Welt ein. Das Difäm verwirklicht zusammen mit kirchlichen Einrichtungen und Organisationen der Entwicklungszusammenarbeit weltweite Gesundheitsprojekte und berät und begleitet seine Partner vor Ort. Dabei liegt der Schwerpunkt der Arbeit vor allem in Afrika in ländlichen Gebieten, wo die Gsundheitsarbeit lokaler Partner gestärkt wird durch Zugang zu Medikamenten, die Aus- und Weiterbildung einheimischen Personals und die gezielte Arbeit für Mütter- und Kindergesundheit, die Bekämpfung von HIV und Aids, Tuberkulose oder Malaria sowie auch nicht infektiöser Erkrankungen. Im Zentrum stehen dabei besonders benachteiligte Menschen. Das Difäm ist Träger der Tropenklinik Paul-Lechler-Krankenhaus in Tübingen.

Seit über zehn Jahren begleitet und unterstützt das Difäm die medizinische Arbeit des Panzi-Krankenhauses. So fördert das Difäm neben den Gesundheitsprogrammen für die Opfer sexueller Gewalt auch die Vergabe von Mikrokrediten an Frauen als Einkommen schaffende Aktivitäten und arbeitet dabei eng mit der Église du Christ au Congo (ECC), der Dachorganisation der protestantischen Kirchen im Kongo zusammen. Die ECC ist Träger von sieben Krankenhäusern, unter anderem des Panzi-Krankenhauses, acht großen und 188 kleineren Gesundheitszentren sowie 93 Gesundheitsposten. Darüber hinaus unterhält die ECC eine kirchliche Zentralapotheke.

Der Kongo im Fokus

Dominic Johnson
Kongo: Kriege, Korruption und die Kunst des Überlebens

228 S., Pb., € 19,90
ISBN 978-3-86099-743-7

»Es ist ein großer Verdienst des Autors, dem Leser das größte Land des subsaharischen Afrikas in einem luziden Buch erschlossen zu haben. Es gibt keine vergleichbare Analyse von Geschichte und aktueller Situation des Landes (...).«
(Rupert Neudeck, Publik-Forum)

»Ein Grundlagenwerk, das zumindest im Bereich der Außenpolitik als Pflichtlektüre genannt werden muss.«
(Afrika Bildung)

Muepu Muamba
Moyo! Der Morgen bricht an
Stimmen aus dem Kongo

300 S., Pb., € 29,90
ISBN 978-3-86099-631-7

Mit »Moyo!« grüßen sich Menschen in Teilen des Kongo, was zu Deutsch etwa so viel heißt wie: Dein Herz soll leben!
In dem Buch spiegeln sich Geschichte und Alltag sowie die Identitätserfahrungen von Intellektuellen im Kongo und in der Diaspora. Die Texte der versammelten Publizisten sind sowohl politische Analysen als auch Literatur, beschäftigen sich mit Politik und Gesellschaft ebenso wie mit Kunst und Film.

Bitte fordern Sie auch unser Gesamtverzeichnis an: Brandes & Apsel Verlag
Scheidswaldstr. 22 • 60385 Frankfurt/M. • info@brandes-apsel.de • www.brandes-apsel-verlag.de